EU SÓ EXISTO NO OLHAR DO OUTRO?

ANA SUY E CHRISTIAN DUNKER

EU SÓ EXISTO NO OLHAR DO OUTRO?

Um encontro entre psicanalistas
para pensar o amor
e a existência

PAIDÓS

Copyright © Ana Suy Sesarino Kuss, 2025
Copyright © Christian Ingo Lenz Dunker, 2025
Copyright © Editora Planeta do Brasil, 2025
Todos os direitos reservados.

Preparação: Wélida Muniz
Revisão: Fernanda França e Caroline Silva
Projeto gráfico e diagramação: Gisele Baptista de Oliveira
Ilustrações de miolo (p. 165 e 192): Freepik
Capa: Filipa Damião Pinto (@filipa_) | Estúdio Foresti Design

DADOS INTERNACIONAIS DE CATALOGAÇÃO NA PUBLICAÇÃO (CIP)
ANGÉLICA ILACQUA CRB-8/7057

Suy, Ana
  Eu só existo no olhar do outro? : um encontro entre psicanalistas para pensar o amor e a existência / Ana Suy, Christian Dunker. – São Paulo : Planeta do Brasil, 2025.
  192 p.

  ISBN 978-85-422-3414-5

  1. Psicanálise 2. Filosofia 3. Amor I. Título II. Dunker, Christian

25-1132   CDD 150.195

Índice para catálogo sistemático:
1. Psicanálise

Ao escolher este livro, você está apoiando o manejo responsável das florestas do mundo

2025
Todos os direitos desta edição reservados à
Editora Planeta do Brasil Ltda.
Rua Bela Cintra, 986, 4º andar – Consolação
São Paulo – SP – 01415-002
www.planetadelivros.com.br
faleconosco@editoraplaneta.com.br

PARA MIMI, QUE COM SEU OLHAR
MUDA O MEU.
ANA

PARA GIGI, LELÊ, RAFINHA E VICK,
POR TODOS OS ANIVERSÁRIOS EM
QUE O TIO KIKO NÃO PÔDE ESTAR.
CHRISTIAN

AGRADECIMENTOS

Ana

EM PRIMEIRO LUGAR, AGRADEÇO A CHRISTIAN DUNKER, pela interlocução tão generosa. Enquanto espectadora de seu *youtchube* e leitora de seus livros, em algum lugar nas minhas fantasias mais criativas já havia ousado imaginar me inscrever para um processo seletivo na USP para estudar num doutorado com ele – porque no mestrado era impossível cogitar isso, mesmo em meus devaneios mais atrevidos! E, agora, estar escrevendo/falando/publicando um livro com ele é, de fato, uma espécie de "sonho de princesa", com toda a breguice que essa expressão carrega. Então, agradeço muito a Christian por essa e outras conversas tão enriquecedoras e divertidas!

Agradeço também a Felipe Brandão, que teve essa ideia genial e a colocou em prática, à Editora Planeta, por comprar sua ideia, e a Bernardo Machado, pelos ouvidos e olhos atentos.

Além disso, agradeço em especial aos que me leem e ouvem pelos livros e redes sociais afora e adentro, porque eu só posso falar, em alguma medida, de "igual para igual" (mesmo sendo tão diferente e dissimétrica) com o Christian por causa de vocês.

Agradeço, ainda, a cada um/a das minhas famílias, de origem e da que constituí, por olharem amorosamente por e para mim. Aos amigos e amigas pela lealdade.

Christian

GOSTARIA DE AGRADECER A TODO O PESSOAL DA PLANETA e do Paidós, em especial a Felipe Brandão, que teve a intuição inicial deste projeto. A Fernando Galindo, que nos ampara na divulgação e circulação do livro. A Chris, Naths & Katz e Maths & Marina, que tanto me ensinaram sobre a arte de olhar. Ao time do canal, Bully, Helena, Julie, Marco, Peru, Carol e Rafinha. A Mika, Lurdes, Iran, Claudinha, Adriana e Simone, que olham por mim.

Nota à edição [14]

PARTE UM
O que significa existir?

Eu só existo no olhar do outro? [19]

Sério: quem sou eu? [24]

A gente está o tempo todo fingindo? [26]

Conhecendo o outro melhor [31]

PARTE DOIS
O outro que não é a gente

São necessários muitos outros para eu me encontrar? [41]

Quando o outro deixa de me amar... [50]

Só existimos porque o outro diz que nós existimos? [57]

PARTE TRÊS
O olhar do outro

Estamos constantemente elaborando lutos? [71]

Psicanálise como ciência [73]

E o outro, quem é? [78]

Eu quero ser o outro? [87]

PARTE QUATRO
Descobrir-se na relação com o outro

Estamos o tempo todo querendo ser amados? [97]

É preciso se amar primeiro antes de amar o outro? [108]

A projeção dos nossos ideais e expectativas no outro [130]

Para quem mostrar a nossa melhor versão? [135]

Pergunte e descobrirá algo importante sobre si [152]

Notas [166]
Glossário [174]
Nomes citados [180]

NÃO HÁ HOMEM OU MULHER QUE POR ACASO NÃO SE TENHA OLHADO AO ESPELHO E SE SURPREENDIDO CONSIGO PRÓPRIO. POR UMA FRAÇÃO DE SEGUNDO A GENTE SE VÊ COMO A UM OBJETO A SER OLHADO. A ISTO SE CHAMA TALVEZ DE NARCISISMO, MAS EU CHAMARIA DE: ALEGRIA DE SER. ALEGRIA DE ENCONTRAR NA FIGURA EXTERIOR OS ECOS DA FIGURA INTERNA: AH, ENTÃO É VERDADE QUE EU NÃO ME IMAGINEI, EU EXISTO.

CLARICE LISPECTOR

HAVIA NO
OLHAR DELA UM
MISTÉRIO QUE ME
FAZIA QUERER
DECIFRÁ-LA,
COMO QUEM
TENTA ENTENDER
O INFINITO.

MACHADO DE ASSIS

NOTA À EDIÇÃO

ESTE LIVRO É UM CONVITE PARA ACOMPANHAR UMA conversa despretensiosa e profunda entre dois psicanalistas de diferentes gerações reconhecidos em suas áreas. Mais do que uma simples transcrição, nas páginas a seguir está o registro vivo de ideias que emergem no calor do diálogo, revelando não apenas o rigor do pensamento, mas também a espontaneidade e a riqueza de uma troca genuína.

Convocamos o leitor a apreciar este projeto e testemunhar o pensamento em movimento: cada palavra aqui preserva o frescor dos efeitos de um encontro autêntico, no qual conceitos, reflexões, brincadeiras, dúvidas e apostas ganham corpo e se entrelaçam. Como todo registro, guarda as marcas do momento de sua realização, carregando consigo não apenas o conteúdo, mas também o ritmo e a essência da interação entre os autores. É, acima de tudo, um documento da potência do encontro e da fala.

PARTE um

O QUE SIGNIFICA EXISTIR?

Eu só existo no olhar do outro?

CHRISTIAN: Acredito que sim, mas só para a modernidade. Só pra uma época e pra uma inflexão, assim, de cultura em que se coloca o problema da existência individualmente. Se formos pensar em outros contextos, por exemplo, dos povos originários, é um outro, e é um outro sentido de outro. É um outro sentido de eu, de *eu existo*, mas valendo para a modernidade e com uma ressalva, que é esta: o que significa existir? Há coisas que existem, há entes que existem, há objetos que simplesmente estão. E existir, para Lacan, é uma questão que a gente discute pouco, certo? "A mulher não existe", "O outro não existe",[1] que conceito de existência está em jogo? Porque se eu fosse ser trivial: a mulher não existe, então, por que vocês estão falando? Qual é a questão? Para que serve? Como se fosse simplesmente um nada. Mas uma ausência, por exemplo, não é um nada, muito menos um acontecimento indiferente. Mas, como ponto de partida, diria que sim, nos descobrimos como "nós mesmos" quando nos reconhecemos no olhar do outro. Isso é da estrutura do eu. Ele é outro, ele mesmo e sua sombra, ele mesmo e seu duplo, ele é como ele se vê sendo visto pelo outro. Isso é um fato insuperável no que chamamos consciência de si.

> O que significa existir?

ANA: Eu fico enroscada no "eu e no outro": por que é que eu só existo no olhar do outro? Prescinde do pressuposto de que há uma separação, então; o *eu* e o *outro*. E isso, para mim, já não é óbvio. Então eu enrosco um pouco, porque sinto que essa pergunta já aponta para quanto de ficção tem no "eu" e quanto de ficção tem em uma separação para que haja o "outro". Então é essa a aposta que a gente faz, porque precisamos fazer essa aposta de que nós somos separados do outro, certo? Porque senão tudo vira uma bagunça. Ou melhor, não vira, mas tudo fica claramente bagunçado demais. Então a gente precisa da ficção dessa separação. O que a psicanálise vai apontar é, justamente, que essa ficção – ela é uma ficção, não é mentira – não é uma ilusão absoluta. Só que não temos como tirar a prova real disso. É que nem quando a gente fala, nas psicologias do desenvolvimento, que têm essa ideia da célula narcísica de que mãe e bebê são um só, e que depois o bebê e a mãe se separam... Às vezes, dá a sensação de que se o pai chegar só lá pelos 5 anos da criança, está tudo bem. Antes, ninguém precisava de um terceiro.

CHRISTIAN: Chama o pai! Chama o síndico!

ANA: Exatamente. Porque antes eles eram felizes, eram um só. E a coisa não é bem assim; aliás, está distante de ser isso. Tem um mal-estar ali, ou seja, tem alguma coisa que dá indício de uma separação desde muito cedo. Penso, então, que a gente

> Nos descobrimos como "nós mesmos" quando nos reconhecemos no olhar do outro.

vai nomeando e organizando isso em um estatuto simbólico e imaginário – e aí sim chegamos nessa afirmação de que "Eu só existo no olhar do outro".

CHRISTIAN: Você está me lembrando de que isso também tem uma cláusula de aplicação que valeria para o mito da criança muito pequena, em que ela só existe enquanto eu, que se forma a partir do olhar materno, o olhar daquela pessoa que cuida e que instala esse eu como outro. Afinal, tem o dito lá de Rimbaud: "O eu é um outro". Mas aí, me pergunto: é um outro pequeno ou grande?[2] Tem o eu pequeno, o eu grande; o outro pequeno ou outro grande, certo? Uma pergunta a quatro, não a dois.

ANA: Com isso me ocorre a afirmação winnicottiana, que fala daquilo que não existe. Lacan disse que a mulher não existe; Winnicott vai dizer: "Isso que vocês chamam de 'o bebê' não existe".

CHRISTIAN: É verdade, é verdade! Mas vamos pensar nesse circuito, o da garrafa de Klein, onde você tem um interior que se comunica com o exterior. Podemos ter uma intuição deste objeto, ao imaginar uma garrafa dotada de um gargalo de borracha flexível e elástica a ponto de que tomamos o gargalo e fazemos ele transpassar o "pescoço" para dentro da garrafa, e o soldamos do bojo da garrafa. A cada momento existe um dentro e fora definido pelo vidro que separa dois pontos no espaço. Mas quando temos o espaço como uma totalidade,

percebemos que o fundo da garrafa é aberto e o gargalo da garrafa é fechado. É mais ou menos assim que sabemos que existimos sem o outro, pois estamos presos em nós mesmos, mas ao mesmo tempo a linguagem e o olhar nos conecta com o outro, quando consideramos o espaço como um todo.

ANA: E isso existe?

CHRISTIAN: Ou pode ser que a gente diga assim: o que existe é o que está dentro. Então, trata-se do eu, da essência, certo? Mas se o que está dentro também está fora, você corrompe um pouco essa distinção entre... bem, a distinção clássica entre existência e essência. A existência é, digamos, um pouco como uma figura daquilo que aparece; e a essência, como o que está por trás do que eu estou vendo. Então Lacan e Winnicott estariam repetindo essa ideia de que no começo estamos iludidos, de que o mundo é aquilo que eu vejo e, portanto, o que o mundo vê em mim é o que eu sou.

ANA: É. Creio que é um pouco do estatuto do imaginário, não? A gente olhar pra isso e dizer: sim, isso é fora; isso é dentro. E, ao nos aproximarmos, percebemos que não é bem assim...

CHRISTIAN: Que tem um buraco.

ANA: Opa, o buraco era pra ser dentro e está fora, né? E assim as coisas, as fronteiras, ficam borradas. E voltamos a Rimbaud: "O eu é um outro".

Sério: quem sou eu?

ANA: Como não enlouquecer, é isso?

CHRISTIAN: Você está colocando a loucura, e eu acho isso pertinente, como uma experiência de perda, certo? A pessoa que está perdida, em geral, não está parada e perdida, mas em movimento. É a figura do Louco Errante, do louco da *Stultifera Navis*; da loucura como alguém que – olha só! –, ao voltar para a garrafa, está fora de si.

ANA: Perfeito.

CHRISTIAN: O certo é voltar para a casinha, não é isso? Algo como estar dentro de si é bom, mas estar fora de si, não. Pois fora de si você estaria, digamos, perdido de si. Então não estamos mais lidando com o alienado, mas com o exilado, certo? Como se a nossa existência fosse uma errância, como se estivéssemos à procura de qual é o nosso lugar. Me pergunto, então, se o lugar que estamos procurando é o lugar em que eu deixei de ser louco. Será que esse que é um bom lugar? Se eu não estou mais perdido, estou encontrado. Me sinto reconciliado, assim como aqueles poetas românticos depois de fazer muita bagunça na vida: "Finalmente encontrei o meu ser!". Sinto que bastante gente aproxima um pouco a experiência psicanalítica dessa narrativa.

ANA: Com certeza. Essa ideia do autoconhecimento, né?

CHRISTIAN: Do autoconhecimento, e do autoencontro também. Descobrir que aquilo que eu era estava baseado numa farsa, numa impostura, num complexo de inautenticidade. E, talvez, tenhamos de levar isto em conta: uma das coisas que nós temos que resolver, ou encaminhar, ou tratar, é o problema posto desta maneira. Como podemos fazer para as pessoas se encontrarem? É como se dissessem para mim algo como: "Christian, você está muito perdido, falando coisas demais, escrevendo muitos livros. Você tem que voltar a si, ser quem você é. Você meio que virou um personagem".

ANA: Eu acho isso engraçado. Como temos esses ditos de senso comum, e um de que a gente gosta bastante é o tal do "seja você mesmo". Então nos dizem isso quando pedimos um conselho a alguém (de preferência alguém de quem a gente goste). E geralmente uma pessoa que gosta da gente gosta do jeito que a gente é, né? *Espera-se.*

A gente está o tempo todo fingindo?

CHRISTIAN: Eu creio que sim, talvez no sentido de *Theatrum Mundi*, da própria ideia de representação, uma de suas divisões subjetivas é entre o público e o privado. Uma coisa que vemos muito na depressão, na luta do sujeito com a depressão, frequentemente aparece algo assim: "Eu sinto que não vou conseguir mais fingir" ou "Não vou mais conseguir levantar e dar aquele sorriso, nem mesmo dar bom-dia ao chefe". E isso porque a vida, nesse sentido, ela é, e vai se tornando, por mais horrível que a ideia pareça, um teatro. Mas tem máscaras, tem personagens, tem roteiros, tem papéis, tem diretores de cena, tem coreógrafos, tem músicos, não acha? Tudo isso, eu sinto, define que a vida é um teatro, mas também que ela não é só um teatro. O teatro é uma dessas estruturas de ficção a partir das quais nós pensamos nossa verdade, divididos entre o público e o privado. Fracionados entre sermos personagens, atores e autores de nossa vida enquanto teatro; palco e mundo, representação e vida real, metáfora ou vida literal. Isso não quer dizer que estamos fingindo, mentindo, afinal, o ator pode fingir a dor que de fato sente. Quando confessamos que estamos mentindo, estamos mentindo ou dizendo a verdade? A garrafa de Klein mais uma vez, pois as

duas coisas, contraditórias, são verdadeiras. E você precisa se resolver: tanto sua posição no teatro do mundo quanto sua posição no mundo. Acho que o que a gente critica, quando diz que tudo é fingimento, é o pensamento de que não há nada a não ser o teatro, mas não, *não*: a vida é teatro, mas não só isso; tem ainda amor e solidão.

ANA: Eu sinto que a palavra fingimento, que dizer que tudo é fingimento, põe as coisas em uma perspectiva muito destituída de importância; pejorativa, até. Acusar o outro de estar fingindo, dizer que isso é *fake* e aquilo é falso, é como ter a posse da certeza de que há um verdadeiro por trás, concorda? Então existe o falso e esse falso oculta o verdadeiro. E aí eu penso que a gente encontra uma certa novidade na experiência analítica: o fato de que não é exatamente *falso*, mas uma brincadeira. Então é como se a vida fosse uma grande brincadeira, e o sujeito que está na posição depressiva é justamente aquele que está impedido de brincar. E isso acontece porque a brincadeira não tem mais graça. E só conseguimos fazer, só conseguimos brincar, se tivermos uma relação com a linguagem, de saber o que é isso, mas não ser tão *isso*. Porque como Freud disse: "Brincadeira é uma coisa muito séria para as crianças".[3] Então, ao vermos uma criança brincando, percebemos que ela está fazendo uma coisa muito

> A vida é teatro,
> mas não só isso;
> tem ainda amor
> e solidão.

séria, mas ela não está delirando nem alucinando, ela sabe que aquilo é uma brincadeira.

CHRISTIAN: E criança não gosta de quem chega e não sabe brincar direito, de quem mela a brincadeira, ou seja, quem não se comporta conforme aquele universo definido por ela, aquele "como se".

ANA: Exatamente. Esses "como se", que eu acho que tantas vezes na vida adulta, nos jogos de relacionamento, de trabalho, de tudo, ficam muito sérios, sérios demais, no sentido de muito supostamente *verdadeiros*, muito carregados dessa ideia de verdade, da definição de uma única verdade absoluta. De só poder ser aquilo: ou tudo ou nada. E aí, convenhamos: não tem mesmo como ter graça.

* * *

CHRISTIAN: Hoje a gente tem muita discussão sobre o patriarcado e a psicanálise, o pai e a função do pai, mas acho que essa discussão está encobrindo um pouco que o conceito de origem é na metáfora paterna. Ou seja, a grande intuição de Lacan, e a gente está falando sobre isto: metáfora. A vida como teatro, a vida como jogo, a vida "como se", como brincadeira, traduz o quê? Que a metáfora é um metaorganizador. E aí você me pergunta: "Então pode haver metáforas não paternas?". Também! Metáforas delirantes? Pode ser que a gente desenvolva outras implicações da metáfora,

pode ser que tenhamos formas e mundos específicos e organizados pela filiação ao nome do pai e por aí vai. E isso que você está dizendo é um tanto esquecido, porque antes de paterna tem a metáfora, certo? E isso se junta ao que você falou sobre a verdade. E o que Lacan vai dizer sobre a verdade? Que a verdade tem estrutura de ficção. Então não é porque se está numa brincadeira que não haja verdade. Veja: se está no "como se", não há verdade? Se está no teatro, não tem verdade? Eu acho isso extremamente importante e difícil de transmitir experiencialmente na clínica, por que o que é transferência? É um *"como se"*.

ANA: E aí, voltando à pergunta: Eu só existo no olhar do outro? Talvez *não*, mas é como se *sim*. É como se fosse, não acha? Pois, afinal de contas, se não tem um outro ali pra me constituir com essa ideia de que eu estou separado de um outro, não tem como, né?

CHRISTIAN: Sim, sim. E você pegou um caminho interessante, porque volta numa das sessões da ficção, que é a hipótese. Assim, só existir no olhar do outro supõe uma hipótese, uma conjectura, um "como se": este *outro* está *me* vendo. É uma espécie de saída de si e, assim, é o eu como se fosse o outro. E aí começa a bagunça... Porque a gente se confunde entre mundo e teatro e começa a achar que consegue mesmo se colocar no lugar do outro. E isso é que é louco.

Conhecendo o outro melhor

CHRISTIAN: Ana, eu queria perguntar a você se isso também se confirma na sua experiência clínica; cada vez mais me vejo intervindo numa direção que, assim... Você já ouviu falar em namorar? Namorar é uma prática histórica pra gente definir as coisas, é o momento em que você vai conhecer a pessoa. Ou seja, é um período *intermediário*, não é um casamento.

ANA: É um "como se"...

CHRISTIAN: É um "como se" e é também um processo, concorda? E eu sinto que as pessoas desaprenderam completamente a arte de namorar, desaprenderam a se apresentar, tipo "Olá, me chamo Chris. Que bacana, você está aí, eu estou aqui; vamos fazer um test drive". Nada, isso se tornou uma engenhoca, das mais pré-organizadas, tão mescladas. É só um namoro: às vezes, dá certo; às vezes, dá errado; e se tenta outra vez e outra vez, e segue-se em frente. Isso não diz nada sobre o buraco mais íntimo do nosso ser.

ANA: Interessante você trazer isso. Eu vejo que são tantas as defesas, que a gente acaba tendo essa proliferação, esse excesso de nomes. Muitas nomenclaturas para não dizer que está namorando – sério demais, não é? Então diz-se que vai sair com alguém. São muitas entrevistas feitas para se

dizer como é que eu sou, como o outro é. Na verdade, o que está em jogo aí é justamente como *não* se apresentar ao outro, né? Quando nos esforçamos muito para nos apresentar, o que tem por trás é o que não queremos que apareça.

CHRISTIAN: São muitas entrevistas para não se apresentar para o outro! Isso é o mau teatro: é o teatro dentro do teatro.

ANA: O teatro dentro do teatro: para mim, tem a ver mais com o fingimento, mas não necessariamente fingimento deliberado. Tem uma arquitetura nisso, na coisa de "como é que eu vou demonstrar a minha melhor versão?".

CHRISTIAN: É! Engraçado, porque quando ouço essa frase, sempre escuto *aversão*, a minha melhor *aversão*. Como é que eu vou ser esse objeto de *aversão*, que é essa preocupação da minha melhor versão ser a menos pior.

ANA: *Aversão*! Além disso, ainda tem o outro – que por si só é, também, todo um universo. Então isso tem a ver com a dificuldade de brincar, mesmo. Aí cai nessa coisa de performance, de fingimento, de que se a gente tivesse uma verdadeira essência e essa essência pudesse ser alcançada com o autoconhecimento, com esse autoconhecimento a gente chegaria na nossa melhor versão. E aí tudo funciona: "a relação sexual existe"[4] e as metades da laranja se completam. Melhor não! Certo? Porque,

na sua melhor versão, você não precisa do outro; nela, você é autossuficiente.

CHRISTIAN: Eu acho que também tem o teatro, o autoengano do lado de cá. Da pessoa que sabe tudo isso, mas não muda nada. Na boca do caixa, continua insistindo que "agora vai!". E isso porque estou no meu esplendor narcísico maior: o outro diz isso, e *eu sei*. E acredito que ficamos com essa ideia do conhecer bíblico; há uma sabedoria perdida aí, que é o simples fato de que conhecer alguém leva tempo.

> Conhecer alguém leva tempo.

CHRISTIAN: Tudo aquilo que você conhece de uma vez, numa batida de olhos, obviamente está deixando de fora algo desconhecido, mas é exatamente por causa disso que acreditamos em "amor à primeira vista". Ele só pode acontecer como uma espécie de metáfora da entrega ao desconhecido. Mas nós fomos parar – eu acho que a partir da linguagem digital, a partir de uma certa aceleração dos modos de relação – na coisa do "preciso de tempo pra respirar", "preciso de tempo pra checar tal coisa na minha fantasia", "preciso de tempo para reformular aquela coisa nos meus ideais", e esse tempo subjetivo, que passa quando você conhece alguém no sentido bíblico, não pode ser abreviado. É como o luto: abreviou, deu ruim.

> Tudo aquilo que você conhece de uma vez, numa batida de olhos, obviamente está deixando de fora algo desconhecido.

ANA: E uma coisa não exclui a outra. Conhecer alguém é elaborar um luto pela pessoa que você queria que ela fosse, não pela pessoa que ela é. A gente precisa de tempo, pois as duas coisas acontecem simultaneamente. Ao ter tempo para poder elaborar a perda desse objeto que você pensou que existia, você não só vai se deparando com o fato de que ele não existe, como entende que vai precisar de tempo para confeccionar um certo substituto.

CHRISTIAN: Ana! Agora você criou uma chave aqui: a melhor versão é a segunda, nunca a primeira. Fique com a segunda. Guarde a segunda versão.

ANA: Não é por aí o complexo de Édipo?

CHRISTIAN: Eu acho que é por aí, é por aí, sim. Se tudo der certo, você se apaixona; mas, se você se apaixona, tem a melhor versão idiota de si mesmo com o outro. Se isso acontece, você também aceita ser vestido como o outro do outro. E o outro do outro é profundamente diferente do outro de si mesmo. Por exemplo: posso achar que meu outro é uma versão mais inteligente, mais forte e mais bonita de mim mesmo. Contudo, para o meu outro, meu parceiro, amigo ou amante, segundo a perspectiva dele, meu outro deveria ser mais humilde, menos arrogante e pretensioso. Temos, então, como ponto de partida, a equivocação dos outros. Mas se tudo der certo dentro do

certo, aquilo cai, vira bagunça e é essa a hora da segunda versão.

ANA: Que também é uma ficção.

CHRISTIAN: Mas é uma ficção que passou por um moedor de carne. Passou por um rebaixamento, por um confronto com a realidade, vamos dizer assim.

ANA: Tem bastante trabalho; é menos idiota. Passou no *teste de realidade*.

CHRISTIAN: Isso mesmo: passou no teste freudiano que te habilita a dirigir o seu coração. E ainda tem uma coisa, que é o paradigma da segunda versão: sempre é o que a gente não espera – em alguma medida. E a questão é que, nessa hora, você pode dizer: "Não, eu vou ficar com a consolação. Ahhh... O prêmio menor, um reles substituto do que um dia eu pensei, quis e amei". Ou você pode dizer: "Não! Eu vou em frente. Eu vou cobiçar mais, eu vou querer a primeira versão mesmo". Daí eu acho que a pessoa se ferra.

ANA: Parece que há boatos de que fica exaustivo.

CHRISTIAN: Há boatos...

> Se tudo der certo, você se apaixona; mas, se você se apaixona, tem a melhor versão idiota de si mesmo com o outro.

PARTE dois

O OUTRO QUE NÃO É A GENTE

São necessários muitos outros para eu me encontrar?

CHRISTIAN: Creio que sim, creio que sim. Quer dizer: esse tempo da decepção estrutural é confundido com o tempo da desistência. Penso que quando se está na pescaria do Tinder, desses aplicativos, existe uma distribuição libidinal difícil de conduzir – e admirável, também. Eu acho, assim, incrível para a minha geração. A pessoa ali que está envolvida com três, quatro, cinco conversas. Você se pergunta: "Essa é uma habilidade nova?". Mas tem o outro lado, que é aquele que eu diria assim, um pouco moral, né? Bastante moral, mas que é o preguiçoso amoroso. Aquele que no fundo não está a fim de tanto trabalho. Tinha que ter uma primeira ou segunda versão, já pronta para uso e, como não dá certo, você vai, digamos, não rebaixando o seu ideal, mas você vai rebaixando o seu desejo mesmo. Não sei! Tem toda essa discussão do poliamor, da não mono... O que você acha disso?

ANA: É, acho que é uma coordenação motora psíquica incrível, e que a gente faz um esforço tão grande para continuar se relacionando! Porque são tantos, mas tantos elementos que nos levam ao individualismo, ao isolamento, à fantasia de que a gente é independente. Não é por acaso que tem tanto esforço envolvido. Há todos esses

nomes, tantas nomenclaturas, tantas fórmulas de se relacionar que se propõem a invenções... também há os esforços – muito engajados mesmo – de continuar se relacionando, de apostar no amor, de apostar em casamento, de apostar em família, em tantas outras formas e possibilidades. Mas não podemos esquecer que não é uma força contra a outra. Elas são, penso, como a noção de pulsão de vida e pulsão de morte em psicanálise: não é uma coisa contra a outra. Elas estão do mesmo lado, atuam ao mesmo tempo. Então, ao mesmo tempo que há um esforço de encontrar o outro, de fazer algo juntos, de se envolver, também há um esforço contrário, uma resistência de se encontrar com algo do outro. Afinal, na verdade, o que a gente está procurando não é o outro, é a gente.

> O que a gente está procurando não é o outro, é a gente.

CHRISTIAN: Agora você foi fundo.

ANA: E aí, voltamos na pergunta fundamental, não? Eu só existo no olhar do outro? Porque eu preciso do outro pra me encontrar. E eu acho que reside aí um pouco do engano do autoconhecimento. De que existiria uma essência e é lá que eu iria me encontrar, e essa essência estaria no núcleo da minha cabeça ou no núcleo do meu coração – sei lá, onde quiserem. Estamos falando de um objeto precioso, o eu mesmo, a minha essência, que

está localizada em algum lugar do meu corpo, *e eu poderia encontrá-lo*. E não é bem assim. Alguma coisa minha está no campo do outro.

CHRISTIAN: É... Alguma coisa minha no campo do outro, que é um pedaço, um "objeto a".[1] É um pedaço de você, mas com o qual não quer se encontrar. Ele vem pra cima de você e te importuna, e, ao mesmo tempo, tudo bem, é o que causa e move essa "atraência" pelo outro, essa ânsia do outro, certo? Mas acho que o paradigma do encontro, da reunião, é um paradigma um tanto Eros, e a gente precisaria – às vezes – dar um pouco mais de voz, também, para o fato de que, se há pulsão de morte, é ela que ganha, concorda? Por exemplo, eu vejo muitas tentativas – acho que você também deve acompanhar – de relacionamento aberto, de não monogamia, que exige uma coragem subjetiva, muito notável; ou uma covardia. Falo daquele casal que diz que está dando tudo errado, logo, é melhor abrir a relação. E aí eu não recomendo. Mas tem pessoas que apostam, e vejo-as como se fossem artistas que, em vez de pintar telas ou fazer músicas, pintam e criam novos amores. Mas o que vemos é que o castelo rapidamente se destrói quando aparece aquele olhar de ciúmes. Sinto que as pessoas têm uma versão de si mesmas, a melhor versão, que vai sendo construída com uma pequena fissura; um pequeno ponto, vamos dizer. E daí vamos

superestimando a nossa capacidade de amar, a força disso – força terapêutica, curativa –, e vamos criando novos amores que seriam, um pouco assim, às vezes, colocados como superação dos antigos. Superação não dialética, mas a superação que deixa para trás, como quem diz que agora a gente não precisa mais de papai e mamãe, que agora está em outra fase – marciana? Venusiana? –, e aí aparece aquele pequeno ponto, a fissura... No momento em que estávamos a três e coisa e tal, eu vi no olhar dela uma coisa que não era pra mim, era pra ele, e aí chega de bacanal, o ménage ficou impossível, basta dessa brincadeira.

ANA: É o velho problema do narcisismo. E que demonstra justamente o quanto isso é frágil, por mais que exista uma certa ortopedia narcísica que funcione, um certo brilho narcísico que funcione o bastante pro sujeito se sentir seguro e se lançar nessas coragens subjetivas, ainda assim, nada disso tem garantia. Então, de repente, alguma coisa no campo do outro desmonta. Desmonta a mim, né? Essa coisa que parecia tão da minha essência, que parecia que estava garantido, que era meu e eu podia reinar sobre isso... cai. E é aquilo que você falou, de colocarmos em relação ao "objeto a": está no campo do outro que eu-quero-mas-não-quero. Eu quero, mas Deus me livre.

CHRISTIAN: Eu quero, mas Deus me livre que venha, que apareça como uma assombração.

ANA: Eu quero, mas saia daqui. Pare de me olhar. Me dá licença. Vamos dar um tempo. Pare com isso. Agora *chega*. Mas eu *quero*. Ou seja: eu quero se não tiver. Está na dimensão do desejo, mesmo.

CHRISTIAN: Está numa dimensão interessante, né? Porque está numa dimensão em que o desejo não se traduz mais tanto pela vontade: você quer ou não quer? É isso ou não é isso? Você quer o que deseja ou o contrário? Precisamos desativar a gente, esse decisionismo com que nossa teologia contemporânea adora nos inflar. É você quem está decidindo, é você quem tem a prerrogativa: você é o senhor dos mares do seu oceano libidinal. Como se pudéssemos ser personagem, autor, diretor e coreógrafo da própria peça. Isso só é realmente possível se estivermos representando sozinhos, para nós mesmos, e também assistindo da plateia. Eu acho que isso faz mal – essa versão narcísica do teatro não é a boa.

> Você é o senhor dos mares do seu oceano libidinal.

ANA: Porque a pessoa acredita! Aí a pessoa acredita realmente que é ela quem está decidindo o que quer, o que demonstra que aquilo que ela construiu é *dela*, que aquilo ninguém tira. E se esquece disso, que, na verdade, lá no fundo, a gente sabe, né?

CHRISTIAN: Porque a pessoa acredita, acredita mesmo.

ANA: Está no inconsciente, está recalcado, mas a gente sabe de alguma maneira que é algo frágil. Por isso que, ainda que existam tantos elementos que vão ali colocar o outro numa posição fálica, nos colocar como senhores de termos, de uma série de coisas, e que nos colocam nesse registro de uma certa felicidade – não por acaso, há o medo de ficar só, há o medo do abandono, do cancelamento –, no horizonte, cada um sabe, no fim das contas, a fragilidade dessas posições.

CHRISTIAN: Interessante você utilizar essa palavra, fragilidade. Outro dia, eu estava lendo um livro chamado *Antifrágil*.[2] Um best-seller, um sucesso. É um livro muito curioso, escrito por uma pessoa que eu sinto que tem um percurso de leitura. E a ideia, até onde entendi, é que a nossa cultura teria uma divisão histórica não dialética entre o cultivo da fragilidade, da sensibilidade, da receptividade, da possibilidade de você proteger, cultivar aquilo que, vamos dizer assim, é mais efêmero. E do outro lado está a robustez, a negação da fragilidade. Recapitulando um pouco os estereótipos, você tem, de um lado, a mulher, jardineira, aquela que cuida e tal; e, do outro, o homem, dionísico, apolíneo, o intervir, o comandar, o guerreiro. Que é uma tensão sobre a qual Bauman também já pensou, assim como Nietzsche. Mas a ideia do cara é

esta: temos o antifrágil, que não é o robusto e parrudo, mas é aquele, até onde pude entender, que não confia demais em si, não confia demais nas intervenções, nos domínios, nos poderes. Digamos que ele respeita a fragilidade sem ser robusto; percebe uma certa força de sobrevivência, de recomposição, sem ser aquele que cultiva a vítima na sua impotência. E eu achei uma ideia curiosa, e é até um livro que foi bastante lido, e ele fala mais da nossa época do que se os conceitos ali estão certos ou não. E, de fato, a gente tem um atravessamento do frágil na psicanálise. Você não concorda? Às vezes, olhando para o campo, a gente vê que há um discurso da fragilidade, da impotência, do desamparo, do trauma, do sequelado, daquele que está, vamos dizer, numa condição debilitada; vamos chamar de psiquicamente vulnerável. E do outro lado se tem essas potências, que são os que passaram por uma travessia, aqueles que simbolizam, subjetivam, integram, tornam-se senhores de si, e sinto que o livro pega um caminho interessante, porque nenhuma das duas, de fato, me parece a melhor versão da psicanálise.

ANA: Nós somos muito vulneráveis, muito desamparados, muito frágeis.

CHRISTIAN: E não neguemos isso.

ANA: Pelo contrário: quanto mais advertido a gente está dessa nossa posição de desamparo, mais a tem, assim, em certa relação com um desamparo que não seja absoluto.

CHRISTIAN: Ou seja: não cultivar isso também, não tornar essa a primeira versão de si mesmo.

ANA: Isso não é tudo, né? E acho que essa dimensão, justamente, do quanto cada um consegue reconhecer ou não de uma certa fragilidade e vulnerabilidade, tem a ver com esse "Eu quero, mas Deus me livre". Porque dizemos cotidianamente que queremos encontrar um grande amor, que queremos não sei o que lá das quantas, e, quando nos deparamos com isso, nos deparamos com uma perda narcísica, uma fragilidade absoluta. Horrível.

CHRISTIAN: Exato! Como quem diz "Entre nós, só a verdade, tá? Toda a verdade". As pessoas adoram inflar o desejo de verdade, mas não a aguentam depois. Isso é trágico no amor e na intimidade; em geral, aqueles que estão sedentos pela verdade não aguentam um grama desta substância sempre corrosiva e amarga. Quem paga o pato costuma ser o amor, que quando confrontado com a verdade acaba virando falso, ilusório e enganador: "O anel que tu me destes era vidro e se quebrou, o amor que tu me tinhas era pouco e se acabou".[3] Quantos centímetros cúbicos de verdade cabe aí no seu botijão? Só dois, um, um e meio. Eu acho que falta um pouco mais desse discurso do antifrágil, quando a gente vai falar – como você faz, eu faço também – para o público não especialista.

> As pessoas adoram inflar o desejo de verdade, mas não a aguentam depois. Isso é trágico no amor e na intimidade.

Quando o outro deixa de me amar...

CHRISTIAN: É uma coisa ruim, né? Deixar de ser amado, se perder, ver a outra pessoa ir embora. Geralmente dói, mas às vezes liberta. Mas também uma coisa de que a gente sente falta, às vezes – especialmente no "*long run*" da vida. Falo do cansaço de si, da estátua narcísica, desse objeto que no começo talvez seja muito importante para você entrar no jogo. Então que peça do xadrez você escolheu? O bispo, a dama, a torre? Demora pra esculpir, mas depois você precisa perder. A "*art of losing*", a arte da perda, de Elizabeth Bishop.[4] Pra mim, é uma descoberta. Em Clarice Lispector, a gente encontra muito isto: de quanto o teu pulmão libidinal e amoroso depende de você perder. E, às vezes, a perda não é sempre porque a pessoa foi embora, ou morreu, mas porque perdeu... aquele momento da vida se foi, aquele funcionamento amoroso; aquele ideal. Voltando ao tema do Louco: a gente gosta de se perder assim como a gente gosta de se encontrar. Precisamos tanto de indeterminação quanto de determinação, como diz aquela música: "O amor é tipo oxigênio: se demais, você enlouquece; se de menos, você padece".[5]

> A gente gosta de se perder assim como a gente gosta de se encontrar.

ANA: E não há como ter uma coisa sem a outra. Por mais que a gente não goste de perder, talvez a gente *precise* perder. E ainda no poema de Elizabeth Bishop, ela fala em "perder com critério", então não é perder de qualquer jeito. E Clarice faz sua metáfora, em *A paixão segundo G.H.*,[6] da perda da terceira perna: perder aquilo que eu pensei que me era muito necessário. Penso que isso tenha a ver com essa perda do olhar do outro, que funciona para que eu possa me sustentar narcisicamente através do olhar desse outro. Logo, se eu perco esse outro, perco essa ficção de que eu era isso para o outro e, por conta disso, posso me reencontrar de alguma maneira em outro olhar. E não tem a ver com o olhar do outro em si, mas com quanto nós somos outros para nós mesmos: a gente se identifica com o olhar do outro pra olhar pra gente. Então, quando eu perco o olhar do outro, na verdade, não é o olhar do outro, necessariamente, mas é a ideia de quem eu sou para o outro e, por meio da ideia do outro, eu me amo mais, eu me amo menos, eu me amo, eu não me amo, eu me odeio mais, eu me odeio menos – porque uma coisa não exclui a outra. E, para mim, é justamente esse encontro no apaixonamento que é tão interessante, porque quando nos apaixonamos, descobrimos que poderíamos ser outra coisa que não aquilo que já fomos até agora.

> Quando nos apaixonamos, descobrimos que poderíamos ser outra coisa que não aquilo que já fomos até agora.

CHRISTIAN: Perder é uma arte mesmo! E estou aqui pensando no efeito colateral dessa gramática de substituições. Eu sou aquilo que o outro vê em mim; aquilo que eu mostro para que o outro reconheça. Esse domínio, vamos chamar assim, no plano da identidade, no plano da organização do eu, ele devia servir, pelo menos em teoria, lá atrás, ele deve servir a uma função mesmo, que é assim: eu me identifico com o outro para orientar o que eu quero. Porque a hora que eu sei que lugar eu tomo para o outro, sei também em que lugar, indiretamente, que descobrirei – suponho eu – algo sobre o desejo do outro e algo sobre o meu próprio desejo. Então voltamos nas duas coisas que estamos costurando aqui: que é ser ou não ser, existir ou não existir, e para onde vamos. Ou seja: o que *queremos*. O que a gente vai fazer junto agora que você me ama e eu te amo? Vamos comprar um carro? Ir a Paris? Ter filhos? Nos matar? O que faremos? E esse passo de um pro outro me parece cada vez menos intuitivo se a gente sobrecarregar o lado do "a gente precisa saber quem é!", do "eu preciso saber quem eu sou, preciso garantir ontologicamente meu lugar no mundo". E tudo isso só se presta a saber como eu *saio* deste mundo, como vou para outro mundo. Por isso gosto tanto dos ameríndios brasileiros, os Arawetés. Ali na ontologia deles, que é uma ontologia do risco, vamos dizer assim, sem proteção, o "eu" não parece um sistema de defesa para o outro, de

saneamento da angústia. Quando o indígena dessa orientação – vamos dizer assim – antropológica encontra um outro, ele se pergunta o que ele está vendo. Por que ele está vendo uma anta? Por que ele está vendo uma capivara? E não o lugar em que o outro está me vendo. Por que é que eu vejo uma jiboia na minha frente? Porque a resposta pode ser: eu sou uma jiboia, e eu não sei. Essa reversão é que me parece fundamental, inclusive para nós, psicanalistas, que somos diplomatas entre mundos; andróginos. Queremos ver duas perspectivas: a nossa e a do paciente. Essa ideia de que, se você está vendo o mundo dessa maneira, você vai se transformar nessa jiboia, nessa anta, nessa capivara, eu acho que é um tratamento para essa nossa insegurança do eu não posso deixar de ser eu, do eu não posso abandonar-me a mim mesmo, do eu não posso me perder, do eu tenho que me impor ao outro. Eu tenho que me impor a mim mesmo. Não precisamos mais desse complemento, desse suplemento metapsicológico, o estádio do espelho. Quando você vir uma capivara, pergunte-se se não é uma delas. Uma lição meio óbvia na qual a psicanálise insiste é que existem muitas formas de existir, e mesmo as coisas que não existem interferem na definição do que somos. Podemos existir em

> Quando você vir uma capivara, pergunte-se se não é uma delas.

ausência, podemos existir em potência, podemos existir como objetos ou como sujeitos.

ANA: Isso é muito bom, muito bom. Porque essa obsessão de que não podemos nos abandonar, de que temos que nos impor ao outro, revela um conflito que não existe. Como se fosse possível a gente se abandonar. Não tem como; você não tem a opção de não ser você mesmo.

CHRISTIAN: Você pode abandonar as vestimentas, pode trocar de roupas narcísicas.

ANA: E ainda vai ser você com você. Pode acreditar que se abandonou mais, acreditar que melhorou ou piorou, mas, assim, no frigir dos ovos, *você está com você*. Como Freud fala na teoria das pulsões: não há fuga; não tem como. Agora, essa coisa de poder olhar a capivara, a jiboia, e nelas poder reconhecer algo de si, é o oposto, porque não é para dentro, é para fora.

CHRISTIAN: É esse o ponto. Esse é o ponto! E esse eu creio que é o ponto, por exemplo, que responde alguma coisa, se é que psicanálise tem alguma coisa a dizer, sobre a felicidade. A felicidade como verdade, *outside*, é no outro, o outro está feliz, vocês estão felizes. Se a jiboia está gordinha, se a capivara está bem, é porque está tudo bem, entendeu? E quanto mais você vai trocando de roupa, mais vai se orientando pra esse ponto de vista do outro, vamos dizer assim.

> Podemos existir em ausência, podemos existir em potência, podemos existir como objetos ou como sujeitos.

Só existimos porque o outro diz que nós existimos?

CHRISTIAN: Em algum momento, sim... ou talvez não. Não sei.

ANA: Eu já gosto de dar uma viajada aqui e pensar: eu existo? Não sei.

CHRISTIAN: Se você está pensando, é porque existe.

ANA: Se eu estou pensando, eu existo; ou eu existo lá onde não penso?

CHRISTIAN: A pergunta faz a gente voltar no que significa *existir*.

ANA: Exatamente. "Existirmos: a que será que se destina?".[7]

CHRISTIAN: Boa resposta. A existência é um arco temporal, não é a presença. E a gente confunde muito, porque estamos existindo... desde Descartes. Enquanto eu bem anuncio ao meu espírito que se "penso, logo existo", isso é verdade. Se eu parar de anunciar, não mais. Ou seja, junto com a modernidade, com a forma-indivíduo, com o sujeito epistêmico. Depois dos séculos 16 e 17 veio essa ideia de que a presença é bacana, a presença é o que faz existir. A ausência é "desexistência". A ausência é o intervalo do ser.

Fui dormir – o sono –, fui andar por aí – a loucura –, virei outro – o sintoma –, estou de ressaca – a depressão. Os diferentes fora-de-si, as diferentes ausências. Agora, a ideia que eu acho interessante de Lacan em relação a isso é quando ele diz que o real é ex-sistência.[8] Então o seu real não é ali onde você está, no palco, sob holofotes. Solta o texto! O real acontece nesse pequeno intervalo de brilho, em que você teve de ter uma escuridão infinita para que isso acontecesse. Os que já foram, as posições ausentes, as ex. Aquelas que são exteriores a este tempo: que são as futuras, que são as desejantes, que são as angustiantes também. Então não sei se a gente se perdeu na resposta, mas eu acho que o drama, na existência, é que, para a psicanálise, as pessoas deviam contar um pouco mais com a função da ausência no amor – não é porque não me ligou que não está presente, não está me amando. Com a função da ausência no desejo – tenho que me decepcionar para dialetizar o objeto e recompô-lo. E a função da ausência no gozo – o intervalo. Não dá para acelerar mais do que a resistência dos materiais e dos corpos.

ANA: Eu penso que nessa questão da ex-sistência talvez precisemos do outro para não nos deixarmos atormentar tanto por isso. Pensando no sentido mais primordial, lá atrás, mãe e bebê... aliás, nem precisamos entrar nessa seara, pois

qualquer pessoa que tente acolher uma criança chorando, intuitivamente vai colocá-la para "fora de si", dizer: "Olha lá o carro passando, a borboleta...". E a criança que está nesse curto-circuito vai conseguir olhar para fora através do outro. Então é via o outro que a gente consegue sair um tanto de si e, penso, sair de si nos fundamenta de alguma maneira, nessa ficção, que seja o eu, de tal modo que talvez possamos pensar que só existimos com a condição de que o outro nos apresente a nós. E porque nos apresenta a nós, nos apresenta ao mundo.

CHRISTIAN: Você formalizou bem. A existência é uma viagem, uma circulação: sair é voltar. E tem uma coisa também que é o seguinte: a gente volta, mas volta para um lugar, uma posição; a gente volta com o movimento da consciência. Com um movimento do sujeito, talvez. Em que dizem estar fora de si, ou que lá estavam fora de si, mas agora voltaram. Ou, o contrário, como quem diz que percebeu que tinha saído de si porque estava fora. Eu penso que tem uma coisa aí que tampa a nossa divisão, o nosso furo, que é o fato desse ir e vir: nos esquecemos tanto da divisão quanto do buraco; nos esquecemos de que nesse ser que – ufa! – descansa quando volta tem uma falta, tem uma incorporação da ausência, uma incorporação do que poderia ter sido, do que ainda não é. São figuras decisivas para que a gente possa falar

na existência, e penso ser também um ponto de divisão e de um debate, um debate contemporâneo. Na psicanálise, há aqueles que vão dizer que, na verdade, isso é uma teoria da identidade na psicanálise. A psicanálise vai restaurar, em alguma medida, uma identidade, não uma identidade narcísica, mas uma identidade de outro tipo. Identidade do desejo, por exemplo. E há outros que dirão que não estão mais falando de identidade, mas de unidade. Você se sente como um, e pode ser um diferente de si; ou você se sente com um si, mas nem sei mais se sou um ou se sou outro. De que lado você está? Compõe-se aí uma organização do debate.

ANA: E não por acaso a psicanálise nasce na interpretação de sonhos. Como é que a gente sabe que está sonhando, senão pelo fato de que a gente acorda? São tantas, e tantas, e tantas possibilidades de leituras de um sonho, que tendem ao infinito. Então tem alguma coisa do buraco do infinito, que aparece acordado, e que, talvez, se materializa. Materializa, não, mas que se expõe de certa maneira. E aqui me ocorre aquele filme, *A origem*,[9] com Leonardo DiCaprio, em que acontece o sonho dentro do sonho dentro do sonho. E a gente até se perde, mas há sonhantes que têm essa experiência – não necessariamente de tantos níveis – de sonhar que está sonhando e nessa, sonhar que acorda, e, às vezes, vai para a análise,

> Como é que a gente sabe que está sonhando, senão pelo fato de que a gente acorda?

falar do sonho no sonho... e de repente acorda. Acho que até flerta com uma ideia de paralisia do sono, e que nos expõe a uma relação dessa dimensão com o furo, por entrar tudo o que é tipo de coisa, inclusive não só a psicanálise, mas tantas possibilidades que vão demonstrar o grande mistério que é a nossa existência.

CHRISTIAN: Você está falando uma coisa que me deu um clique, uma simpatia que eu tenho por essas experiências que vemos nos pacientes. Experiências psicodélicas, ayahuasca, viajantes interplanetários, meditações, cogumelos, abduções ufológicas. Eu, particularmente, sou meio conservador e materialista nessa matéria, mas adoro, digamos, ir ao zoológico e ver as capivaras – vai que eu viro uma. E sempre me pergunto por que isso aqui é tão interessante. Mesmo que o relato da viagem não seja tão decisivo quanto parecia. Então, me diga, você foi lá, tomou ayahuasca, e aí, o que aconteceu? Veio a cobra, depois da cobra veio a onça, e daí eu vi um bicho e então apareceu aquela situação e na sequência os tambores e... Poxa, legal! E aí, o que é que você faz com isso? Como é que é? E as pessoas, às vezes, fazem algumas conexões, dizem que tem a ver com isso ou aquilo. E me pergunto por que é que é tão interessante, se não é a narrativa que é interessante. Inclusive, quando a pessoa relata a experiência, é quase

de má vontade; fala meio assim, sabe, quando já perdeu a graça. Mas agora, vendo você falar, vejo que o clique é esse, a experiência de mudar de mundo, acordar, ver a ilha; a experiência de ir pra lá, vir pra cá. A experiência, como você disse, de que nesse vão tem uma sedução, um laivo do infinito. Olha o que tem aqui se não é só isso; olha o que pode ser se não for só isso. E daí é lá e cá: se não for o mundo alternativo, como se dentro do "como se", que pode levar a esse infinito de teatro dentro do teatro, mas que parece, assim, o essencial, sobra só essa intuição, de que não estamos sós, ou que isso não é tudo, ou que existe outra versão.

ANA: Sabe, eu pensei algumas coisas, mas, guardadas as devidas proporções para mim, a experiência analítica é isso. Porque quando você se depara com a descoberta do inconsciente, percebe que estava vivendo até agora achando que estava mandando na parada e então descobre que não, não é você. *Mas é você*. Isso muda a vida, muda demais. E aí caímos nessa dificuldade de transmissão da psicanálise. Como é que você conta isso para o outro?

CHRISTIAN: E até explica um pouco a razão para haver toda essa confusão, não concorda? Só pode ser uma história, só pode ser você descobrindo que, no fundo, sua mãe era o Scooby-Doo disfarçado e você, na verdade, era o cachorro que

estava com o Salsicha no museu.¹⁰ E aí pensa que isso é legal também, mas é secundariamente legal. O fato de que ao longo do tempo você vai e volta, vai e volta, entra nessa câmara... como um laboratório, uma sala de espera. E o que é que vai acontecer? Sei lá. Dez anos de análise, dá aquele medo, aquele frio na barriga, e você entra na sessão, se depara com o vazio, ativa a descompressão narcísica... E assiste a um filme como *Divertida Mente*¹¹ e, cara, é muito mais louco que isso.

ANA: Sim! E tem a dimensão, dos vários momentos da análise, como o apaixonamento – no começo da análise.

CHRISTIAN: Tudo que falamos até aqui, a coisa de não ser a minha melhor versão – pega a segunda, fica nela, invista na segunda versão.

ANA: É isso que se faz. E talvez essa experiência dessas substâncias que aparecem na fala de tantas pessoas, que vão falar de uma viagem, enfim, de coisas tão perturbadoras.

CHRISTIAN: Freud falava que a análise é uma viagem, a gente só prepara as malas.

ANA: Talvez seja justamente o quanto aquilo que é da satisfação autoerótica envolve um prazer que não é possível comparar com aquilo que demanda do outro. Então, ao falar disso

na análise, você acha chato, pois vai ter de explicar para o outro. E, quando explica, já perde, porque não é mais aquilo. É outra coisa. A fala transforma, e transformar é perder, de alguma maneira, para um outro que não entende aquilo que está sendo dito, porque não está na mesma frequência. Não é um diálogo; não vai localizar dessa mesma maneira. E isso toca justamente no campo da invenção freudiana, quando ele inventa que a psicanálise, para existir enquanto psicanálise, precisa abandonar a hipnose. Por que ele coloca assim? Há de ter alguma forma de lucidez. Não é dizer a qualquer custo, não é viajar, ver as cenas, regredir a qualquer custo. É preciso desejar, dizer e fazer alguma coisa com isso; se implicar com isso. O processo analítico é muito chato algumas vezes. Você fala, fala, fala, dá o seu melhor, conta os seus segredos e depois ainda tem de voltar para fazer alguma coisa com tudo isso.

CHRISTIAN: É verdade. E agora você lembrou uma coisa importante: esses psicodélicos lembram um pouco hipnose, não acha? Você dorme, você obedece. Você recebe sugestões pós-hipnóticas e consegue fazer coisas que seu sintoma não deixa. Esquecemos um pouco deste inconsciente estético que os surrealistas adoravam.

ANA: Como se pudéssemos acelerar a passagem para o inconsciente.

> A fala transforma, e transformar é perder, de alguma maneira, para um outro que não entende aquilo que está sendo dito, porque não está na mesma frequência.

CHRISTIAN: Pode ser que isso dê um bom quadro, uma boa fotografia... mas que só funciona num filme. Um filme extenso, um filme, como você está lembrando, que tem arcos narrativos, tem viradas, reviravoltas, como "Ah, agora o analista é do mal!" ou "Ela não fala nada e diz coisas horríveis e não gosta mais de mim, ela prefere aquela outra que está na sala de espera. Por que ela atrasou a sessão?".

ANA: Se atrasou a sessão, então não me ama! Vale lembrar que Freud inventa a psicanálise prescindindo da hipnose, porque o inconsciente não é o subsolo do nosso psiquismo, não é aquilo que estaria nas profundezas, que precisaria ser acessado via hipnose, alguma substância etc. O inconsciente de que Freud trata é aquele que está na ponta da língua, aquele que, por vezes, todo mundo vê, menos nós mesmos. Daí Lacan chega e diz que o inconsciente é justamente a hipótese de que não sonhamos apenas quando dormimos.

PARTE três

O OLHAR DO OUTRO

Estamos constantemente elaborando lutos?

ANA: Parece que esse é o melhor cenário: lutos finitos e infinitos.

CHRISTIAN: Uma coisa que me fascina na psicanálise é que ela é um caleidoscópio. Talvez até comparada a outras perspectivas, quem sabe até mais sólidas do ponto de vista epistemológico, mais, digamos, traduzíveis em métodos mais objetivos, e que talvez sejam mais monoculares. E a psicanálise tem um caleidoscópio que permite à gente se redescrever e se pensar profundamente em várias chaves. Então é possível, de fato, olhar para uma análise e dizer que ela é, do começo ao fim, uma elaboração de lutos, e que termina com o luto daquela transferência. Porque quando aquela transferência termina, termina a análise. Mas a elaboração de Édipo é o quê? A perda da posição fálica, a perda da condição narcísica, elaboração do complexo de intrusão. É sentimento de unicidade e especialidade, a perda de seus ideais, a perda dos amores que a gente está vendo aqui, a primeira versão e a última versão. E as perdas reais: morreu esse, morreu aquele; a perda da sexualidade infantil, enfim. Você pode redescrever todo o pacote a partir do luto. Na verdade, a psicanálise é uma experiência de repactuação e

simbolização. Seria, então, o luto um caso particular na simbolização? Não, ele é o caso primeiro. Caleidoscópio, certo? Eu poderia dizer que posso redescrever toda a experiência do tratamento do ponto de vista da perda da unidade e recomposição da unidade, do prazer e do desprazer, do gozo e da satisfação, e de como a gente aprende a parcializar e a se separar. Mas a separação é um caso de luto, a separação é um caso de Édipo também. Você pode contar as coisas do ponto de vista da pulsão de morte com a pulsão de vida. E você pode contar uma análise do ponto de vista do trauma; do ponto de vista da angústia; do ponto de vista dos afetos; do ponto de vista de como eles vão se transformando, reconfigurando o eu, redefinindo o sujeito, extraindo o objeto. Então a graça é que você tem ali uma espécie de ponto de vista que engloba os outros pontos de vista, mas é englobado por aquele ponto de vista também. E eu acho que isso é essencial para a gente pensar não monologicamente, não monoculturalmente. Nosso sofrimento, nossos sintomas, nossos diagnósticos, nossas intervenções. Essa confusão que existe na psicanálise, de um estar mais para Ferenczi e o outro estar mais para Klein, é parte da coisa: não tira isso, porque se tirar, talvez dê mais consistência, mas a gente perde o caleidoscópio.

Psicanálise como ciência

ANA: Posso dizer que definitivamente não é pseudociência. No mais, depende de qual é o viés pelo qual se está olhando, de que forma ela aparece no caleidoscópio. Seu livro com Gilson, o *Ciência pouca é bobagem*,[1] demonstra justamente essa problemática da psicanálise e da ciência: é ciência? Não é ciência? E vocês conseguem, justamente, demonstrar a partir de vários vieses – se olhar por aqui, ou por ali, ou quem sabe acolá. Mas não existe uma versão que seja definitiva, uma que diga qual é a forma que aparece no caleidoscópio.

CHRISTIAN: E isso não é só um momento de organização da teoria. Muitas teorias tiveram quatro, cinco perspectivas, e por fim se encontrou uma síntese, e uma delas se mostra mais forte e verdadeira que as outras. Isso parece uma espécie de homologia com o objeto, ou seja, com a subjetividade, por assim dizer, com a vida psíquica que talvez não seja unitária. Que talvez não tenha uma única narrativa respondente. Talvez a gente viva num mundo conflitivo, heterogêneo do ponto de vista das matrizes de subjetivação. Até existiria algo assim que, maltratado, e sem se dar conta, faz essa função muito posta em pauta hoje em dia: a psicopatologia. Então, veja, por que a gente conta as coisas do ponto de vista neurótico

e não psicótico? Por que a teorização psicanalítica é neurótico sempre e não psicótico sempre? Ou o perverso, que seja. Mas o que importa aí é, justamente, que desde a saída a gente devia reconhecer essa heterogeneidade dos pontos de vista, você não acha?

ANA: Sim, com certeza. É o que Lacan vai fazendo ao longo do ensino dele.

CHRISTIAN: É que várias – várias – recapitulações não são estruturas, são discursos; não são discursos, são nós; não são nós, são posições subjetivas do ser, como ele fala em *O Seminário, livro 11*.[2] Talvez todas essas mutações não sejam lineares. E aí há quem diga que ele está falando a mesma coisa, só que agora com um melhor vocabulário. Não, nada disso, agora Freud está pegando mesmo o que é, pois a pulsão de morte engloba todo o resto. Talvez não seja assim. Talvez a gente precise, como os ameríndios, imaginar que são várias e várias, mesmo só havendo uma perspectiva, que é a humana, mas que são múltiplas as naturezas, são múltiplos os pontos de vista, e ninguém sabe exatamente onde está o ponto de vista *dominante*. O que mostra que a psicanálise é uma teoria muito mais decolonial do que se imagina. O problema

> A psicanálise é uma teoria muito mais decolonial do que se imagina.

não é só que os europeus colonizaram os americanos que colonizaram os indígenas que colonizaram os pré-ameríndios. Trazendo Lacan mais uma vez, dizer que Deus não existe é fácil; difícil é provar que ele é inconsciente. Assim, também é fácil criticar a dominação, difícil é perceber-se adorando quando ela acontece.

ANA: E isso passa por uma explosão da noção linear de tempo, dessa impossibilidade de linearidade. Creio que é ao que a experiência psicanalítica nos leva, ao encontro com algo disso, justamente com essa questão do eu e do outro. Temos formas também de dizer isso, mas não há uma fórmula, uma síntese, como você colocou, que a gente diz que o eu é isso, que o outro é aquilo. O eu vem depois do outro, o outro vem depois do eu.

CHRISTIAN: É como se fossem... paralelas, não acha? Versões paralelas e talvez infinitas de si e do outro, mas atravessadas, também, por esse outro problema. Quando isso acontece na análise, eu digo: "Aqui vamos para o fim". Porque a pessoa intuiu uma coisa muito difícil para a gente transmitir: vivemos em temporalidades heterogêneas. O passado não passou, o futuro não é sempre igual e nós temos vários tempos na vida, no mundo, nos amores, nas relações, que se chocam entre si. E é bom um pouco mais de respeito pela lógica temporal de cada um

deles, não é como se houvesse um gerente de fábrica dizendo para ficar todo mundo em linha: primeiro ele, depois você, depois o outro. Isso que você fala, sair de si e voltar pra si, é também sair dessa forma-tempo e ir para um outro espaço-tempo, não só tempo lógico. São tempos possíveis no sujeito.

ANA: Para mim, o amor tem a ver com isto: achar que o outro está no mesmo tempo que você. Pode ser que esteja, né?

CHRISTIAN: Pode, sim. Vai que, às vezes, está mesmo. Mas o importante é o que você falou, é que a gente acredita. Se acredita, já está bom. Gosto de pensar que este mesmo tempo é como o tempo das constelações. Plutão está em uma posição, Saturno noutra, Mercúrio em uma terceira. Não precisamos da astrologia para imaginar um sistema onde todos estão se afetando mutuamente, em várias temporalidades diferentes. Em Mercúrio, cada dia são quase sessenta dias terrestres, em Saturno umas onze horas e, em Plutão, uns seis dias terrestres. Não tem só a ver com a distância entre eles, mas com o tamanho e com a velocidade da rotação. Mas, de repente, até mesmo um relógio parado mostra a hora certa eventualmente, a hora em que é meio-dia nos três planetas. Daí, concordo contigo: o amor acontece.

> Para mim, o amor tem a ver com isto: achar que o outro está no mesmo tempo que você.

E o outro, quem é?

CHRISTIAN: O outro é uma máquina, um bicho, um algoritmo, um negócio que não existe mesmo, né? A gente tem esse desejo de crer. Agora é com você, Ana. Nós só somos inventores de problemas, você vem com as soluções.

ANA: Faz diferença pensar na questão geracional, como funciona nas diferentes gerações. Como é ter se constituído já neste mundo? Certamente não é a mesma coisa de como é para mim, que não é a mesma coisa que é para você, então existe uma diferença – penso que sempre existe uma diferença –, somos todos diferentes, mas tem também uma diferença que é mais espalhada entre as gerações. Creio que, de maneira geral, a gente tem elementos coletivos que nos levam a isso. Coletivos, não, acho que pouco coletivos.

CHRISTIAN: Por que não coletivos?

ANA: Porque coletivo agrupa, de uma maneira, e isso talvez separe. Coletivo nesse sentido que nos leva à crença de achar que a rede social te diz alguma coisa sobre quem você é. E aí a gente fica refém da máquina, que são esses algoritmos que obedecem a uma lógica; porque há uma lógica. Mas é uma lógica que não é a minha lógica, mas que pede alguma coisa da nossa lógica, que é o nosso lugar mais ferrado narcisicamente,

e vai colocando isso no estatuto de uma coisa importante. Se pensarmos em "as pessoas", que até então eram mãe, pai, um irmão, um dia foi a galera da escola... esses outros tinham uma certa existência, tinham um corpo, e agora esse "as pessoas" com as quais a gente se preocupa com o que pensam de nós perdem o corpo e viram um número. Viram uma figura de coração, um emoji. Podem ser um robô, e não tem problema que sejam um robô, porque é um número, e um número diz alguma coisa. Então essa crença de que eu existo, de que é uma condição para existir estar na rede, acho que talvez seja mais do mesmo, no sentido desse horror à pulsão, desse horror ao corpo pulsional, como se fosse possível ter uma existência em um avatar ali. Então, fica confuso: eu estou na rede social, eu não estou no meu corpo – e é de lá que eu gozo.

CHRISTIAN: Sim! Nisso que você trouxe, penso que esse é o ponto que torna complicado passar do saber à crença. Porque a crença parece vir junto com um dispositivo de gozo, uma montagem de gozo. Crenças são coisas gostosinhas de praticar; crenças são coisas que a gente precisa exercitar, sabe? Mostrar para o outro, fincar a bandeira, rezar, repetir no ritual, fazer reunião de psicanálise pra dizer que a gente crê. São vinculantes porque mobilizam não só um prazer cognitivo da conquista, mas distribuem a libido de

forma bastante específica. Por isso que, se alguém confronta uma crença, não é que está indo contra o seu narcisismo apenas, está indo contra como se goza nesse mundo. E você vem e traz aqui um elemento tóxico para a nossa forma legislativa de gozar? E o segundo ponto que você traz é de quando temos o olhar de existência definido digitalmente, seja pelo avatar, seja pelo anonimato. E como estamos falando de existência, uma coisa que filósofos medievais discutiam é o seguinte: há pessoas que existem mais que outras. É. Há "as gentes", as pessoas em geral, como nós; e há aqueles que se parecem conosco, aqueles que são meio diferentes, meio estrangeiros, e ainda há os que são *quase* pessoas. É um nível de existência muito baixo, então se a gente as desativa, se a gente as mata, se as escraviza, se as detona, não é tão importante assim. Porque existe uma hierarquia de existências. E essa hierarquia é perfilada, é organizada por formas de gozo. Os que estão lá em cima são os que estão gozando mais, aqueles que estão embaixo são objetos, que podem, digamos, estar lá embaixo simplesmente para justificar que nós estamos aqui em cima. Então isso é uma máquina de guerra, e é quando você se percebe entendendo que "Ah, então eu só existo no lugar do outro".

ANA: No *lugar* do outro, olha só. Viram só?

CHRISTIAN: A partir do lugar do outro. Vai ter o caso em que esse olhar vai dizer assim: "Então você é substituível, você é matável, você não é um existente como outros que existem de verdade". Se a gente não responder de alguma maneira que isso é produzido pela linguagem, que isso é discurso, é algoritmo, vamos caminhar para uma situação difícil, porque isso se diz de vários modos. Quem é que existe? Quem é que subexiste? Quem resiste? Quem desiste? E quem não existe? E temos aí outra pirâmide, que é intuitiva, que está ali. Ou seja, as pessoas já vivem em um universo cosmopolítico onde isso é possível. Minha filha passou anos dizendo para eu não fazer esse tipo de coisa, que era suicídio social, que eu ia morrer. E eu pensando apenas que estava contando uma piada na internet – e ela: "Não, pai, não!". Isso mata uma pessoa num sentido diferente de morte.

ANA: Causa uma angústia!

CHRISTIAN: Claro, porque estão muito mais sensíveis a esses – vamos dizer assim – modos de existência que podem ser desativados. Então quando se fala em cancelamento, isso é apenas o destaque de como está funcionando a patota, sabe? Qual é a conversa, qual é a linguagem que está organizando a festa. E você pode até dizer que já existia – e já existia. Escravidão já existia, as pessoas se matavam, a pobreza ainda hoje

mata as pessoas. Mas agora nós estamos assumindo isso tudo em um outro patamar.

ANA: Eu penso que tem uma certa... não é uma divisão subjetiva, porque o sujeito não fica dividido, mas tem uma... dissociação subjetiva.

CHRISTIAN: Exato, exato. Eu até tenho esse exemplo. Não é para recriminar ninguém, mas para tornar vivo um caso que me aconteceu na universidade, de uma pessoa que escreveu assim: "Hoje, cruzei com aquele corno calvo e arrombado do Chris Dunker". Eu olho o negócio... Eu conheço esse nome, é de uma pessoa a quem dou aula, que vai entrar na sala, que vai ter uma nota minha, eu vou corrigir a prova dessa pessoa. Agora eu estou encrencado. Porque se essa pessoa vai mal, eu terei dado a nota vingativa porque ela estava me importunando na internet. Minha filha, bem mais experiente que eu em moralidade digital, me diz: "Calma, pai, ninguém vai saber disso. Não é sobre você, é só uma imagem sua que as pessoas podem usar como quiserem". Daí estou lá na reunião de departamento, de repente entra a criatura. Eu comecei a olhar para a figura e pensar coisas do tipo: "É, sou careca mesmo. Arrombado? Moralmente, talvez...". E começo a me ver desse jeito. E a pessoa falando e tal, e então ela sai, e eu falo com a professora que trabalha com ela: "Olha, nós temos um caso aqui, essa pessoa... não é uma vez, é uma sequência de

'arrombamentos', o que a gente faz? Eu não quero processar ninguém, não quero transformar isso num caso político. Como é que a gente faz para enfrentar isso clínica ou educativamente? Porque isso está aí e veio para ficar". A colega foi muito sensível, disse "Vamos fazer uma reunião com essa pessoa" e a chamou. "Você falou isso, isso...", e continua, "Por que você fez isso?", e a pessoa diz: "Hum... não sei". "Mas ele te fez alguma coisa? Fez alguma declaração de que você não gostou?"; "Não, não. Eu gosto dele." "Você gosta dele? E daí você fez essa declaração, assim na boa. Por que você fez isso?" – e a pessoa começa a chorar. Um momento difícil e tal, até que diz assim: "Eu nunca imaginei que ele ia ler". Como se, pelo fato de que estamos em mundos tão distantes e diferentes, posso falar qualquer coisa do outro, porque não é deste outro que existe que eu estou falando, mas do outro que é outro para aqueles com quem eu estou falando. Sempre existiu a comunidade dos que odeiam professores em geral, porque detestam o que eles representam e, confesso, já fiz parte deste time.

Isso não sou eu. Não é justo você pegar essa pessoa e trazê-la para cá. Mundos, teatros e imagens para o livre consumo em versões disponíveis para uso do outro. Isso parece meio pornográfico, até.

ANA: Sim! Mais de uma vez recebi alguma mensagem em que a pessoa veio ser mal-educada,

e eu dou só um *like*. E aí a pessoa fala: "Ah, você viu, desculpa". *Amigo, você escreveu para mim!* Como eu não veria se você escreveu para mim?

CHRISTIAN: Olha só! Você dá uma curtida? Gostei dessa.

ANA: "Não estou falando com você." E aí tem uma dissociação que também é entre o eu e o outro, né? Eu estou dissociado, então você também está dissociado, porque eu estou falando com você, mas não é você que está aí. Tem uma certa relação com quanto a gente vai perdendo da nossa existência enquanto respeitado pelo outro, porque o outro está te colocando numa posição de objeto, né? Não estou falando do Christian Dunker, estou falando do Christian Dunker. Não é você, é o Christian Dunker. "Você não tem nada a ver com isso, dá licença." E tem um outro fato, que acho que tem relação com isso, que eu me lembro que havia no Facebook. Hoje acesso essa rede apenas para ver as lembranças que aparecem lá, mas, na época em que eu escrevia algumas coisas no Facebook, a mensagem que aparecia era: "o que você está pensando?" – e, assim, o que você está pensando não é para você publicar na rede social, querido! Então tem coisas que eu acho que às vezes as pessoas escrevem e publicam o que não era nem pra ser escrito, era só pra ficar no campo do pensamento mesmo.

CHRISTIAN: Sim. Mas você sabe que isso é uma coisa que já me ocorreu? Esse crescimento da psicanálise, das psicoterapias, e da psicanálise entre as psicoterapias não só no Brasil, mas no mundo inteiro. O Brasil é um caso exponencial. Tem alguma relação com o fato de que as redes sociais incorporaram certos traços da função do analista. "O que você está pensando?": associe livremente. Tudo o que você disser, aqui vai ter valor. Qualquer clique, positivo, negativo, a gente aceita. E a gente responde, redirige, a gente te dá uma resposta, uma continuidade discursiva que você mesmo nem consegue perceber na sua existência. Você está lá, errático, mas a gente ajeita as coisas. É como o analista pode fazer quando faz uma interpretação, e daqui você se surpreende, como você falou agora, "faz a função de memória", "vamos lembrar" e "esse evento, aquele outro evento". Faz a função de transferência, porque eu estou falando com você. Meu analista, que bom, a gente sabe que é um algoritmo, está mais para um algoritmo do que para uma pessoa real. Um lugar em que, então, a gente desenvolve uma relação de amor, como a pessoa no Instagram etc. O que a gente não faz muito é a poluição de imagem, mas muitas funções da análise estão presentes nas redes sociais e na linguagem geral da rede. E eu acho que isso explica tanto o aumento da visibilidade social da psicanálise quanto um efeito que é, digamos, uma preocupação com a

saúde mental, um discurso sobre o sofrimento, atenção com diagnósticos, para o bem e para o mal. Aí você tem um espectro de A a Z.

ANA: Penso que a gente vai sendo tão seduzido por esse norte que os algoritmos nos colocam, e muitas vezes não nos damos conta do quanto isso está orquestrando a coisa, e cada vez mais a gente pensa menos por conta própria. Se é que a gente pensa por conta própria. Mas pensa menos no sentido de uma separação em relação ao outro, e estar mais alienado, repetindo coisas. É difícil a gente fazer até uma pergunta pro Google. Você vai perguntar um negócio, e ele sugere outro. Você fala: "Oh, essa pergunta é boa, né?". E aí, nisso, você só ia pegar o celular pra ver uma pergunta e você não fez nem a pergunta, já fez um monte de coisa e *o que eu ia fazer mesmo?*

> Cada vez mais a gente pensa menos por conta própria.

Eu quero ser o outro?

CHRISTIAN: Isso também tem a ver com essas mimeses do mal, né? Lembra do agente da Matrix, que luta contra Neo?[3] Como disse Žižek, o Sr. Smith faz a função do analista na trilogia.[4] Ele aparece na internet, que é uma máquina de idealização, e não porque ela diz: "Seja assim, uhuul", "Olha, assim é legal". Tipo como faziam as antigas propagandas: "Compre Maizena". Como a gente vê na análise, você pode ser outro, pode se transformar, pode mudar. Não precisa estar ali, fixo naquela posição, sofrendo naquele lugar. Você pode ser outro. O que a gente não faz, e aí vem a internet e infla a idealização, é dizer: qual outro você quer ser? Esse, esse e tem esse. Não precisa ser Maizena, tem outros que você nunca pensou que poderia querer ser, e eu ofereço para você esses outros. Isso é uma máquina discursiva, de inflação narcísica, que leva muita gente a se indispor indevidamente com as lutas por reconhecimento de grupos oprimidos e subalternizados. Não é que eu esteja assumindo uma identidade para ganhar espaço, é porque nós, os brancos, que é outra forma de identidade, historicamente dificultamos, de forma não equitativa, a distribuição de poder, de reconhecimento e de autoridade. Mas a máquina discursiva do identitarismo equaliza lutas de esquerda

e de direita, conservadoras e progressistas. Isso ajuda a entender por que, apesar dos avanços na consciência geral da população sobre o racismo e a misoginia, a representação de mulheres, negros e outros grupos minorizados cresce de forma desproporcionalmente lenta na política; enquanto isso, as identidades religiosas e ligadas a interesses econômicos específicos crescem. Só que há um terceiro tipo de identidade que nos diz respeito, e que é confluente para as duas, que são as identidades psicopatológicas: "Eu sou um depressivo", "Tenho TDAH", "Sou neurodivergente", "Sou atípico". Não precisa estar só no registro DSM,[5] ou seja, o que acontece aqui é que eu tenho uma posição de sofrimento, e esta posição de sofrimento faz com que eu exista, no sentido de que posso ser reconhecido pelo outro, seja este outro minha família, o sistema de saúde, o Estado ou minha comunidade escolar ou laboral. Os sofrimentos, ao contrário dos direitos, não são comensuráveis, comparáveis e hierarquizáveis entre si. Não porque as vítimas sofrem o mesmo que seus algozes, mas porque não conseguimos compará-los sem produzir mais injustiça. Voltamos ao problema de que quando demando que o olhar do outro reconheça meu sofrimento, me escapa que se para mim este outro é um, para o outro, este sofrimento é outro. Como no amor, voltamos ao reino das equivocações.

ANA: Não! Eu estou pensando que aquele seu livro, *Reinvenção da intimidade*,[6] trata muito disso, né? Eu amo esse livro.

CHRISTIAN: Já tem um tempo, mas ele trata um pouco disso, sim. Mas, no caso do livro, o problema era meio que um efeito visível, imediato de geração. É uma coisa que a gente está percebendo ali, com a primeira geração nascida e criada digitalmente com tablets. Havia uma descompensação da relação entre público e privado. O debate era muito mais público e palco. O modo como as pessoas estavam lidando com serem vistas, como lidavam com suas personagens etc. E o modo como nessa nova divisão entre público e privado a gente estava matando a intimidade. Então a ideia de o frágil, a falta, o furo não entra aqui. Mas, no fundo, estava entrando, mas por uma outra via, no caso. A fragilidade empacotada na forma depressiva, a fragilidade empacotada na forma, digamos, de um produto de identidade. E, então, creio que de lá pra cá o que mudou é que, além da problemática palco × público, há a problemática palco × público × mundo. E penso que é nessa borda que a gente tem a presença da angústia, a presença do objeto, e é por isso que tenho me interessado tanto pelo estranho, pelo infamiliar do texto de Freud. Aí tem um sistema em que a gente pode, talvez, agir melhor, restituindo intimidade, restituindo

comunalidade. É o par da intimidade que a gente perdeu. Ninguém mais pode ser comum, só um entre outro. Mais um palmeirense, só mais um sofredor corintiano que vai para a segunda divisão. E todo mundo tem que ser *blue*, especial, tem que ser uma melhor versão, e isso é péssimo. A perda de comunalidade, de poder ser comum, e perda de intimidade, que envolve poder dividir angústia, incerteza e indeterminação.

ANA: Sim! E acho que essas fronteiras borradas, em tese, entre o público e o privado, vão demonstrando justamente o impossível disso. Quando você traz o exemplo da pessoa que escreveu "arrombado careca". E aí você vai lá e pergunta para ela. E a gente pode pensar: "Ah, mas ela foi pega ali na sua intimidade, porque ela achou que ele não ia ler". Mas parece que a intimidade é: "Mas eu gosto dele".

CHRISTIAN: Então ela foi pega na privacidade.

ANA: É, isso aí, na privacidade.

CHRISTIAN: Mas esse descompasso e até desaparição... É que nós temos uma intimidade presumida, pelo fato de que vive no mesmo lugar, estuda, dá aula, faz parte da mesma comunidade. Pode ser que nunca tenha conversado intimamente com você, mas há uma potência de intimidade, como há uma potência de comum, porque nós estamos aqui. Se uma pessoa da Mongólia do Sul

fizesse isso, não teria o mesmo potencial, mas os que atacam mais, não sei se você concorda com isso, são os que estão meio na borda: psicanalistas, alunos. São aqueles que deviam estar próximos. Não, amigo, cara, não, não.

ANA: É muito engraçado isso, né? Porque Freud escreve em *História do movimento psicanalítico* que o destino da psicanálise é "provocar oposição e despertar rancor".[7] Mas os piores *haters* da psicanálise estão dentro da psicanálise.

CHRISTIAN: Eu vi um meme outro dia que vai por esse lado. Olha como isso nos ensina coisas, né? É um quadrado em que você tem que eliminar pessoas. Você elimina pessoas, e daí publica quem são seus elimináveis, é um treino de cancelamento: quem vamos matar? E a brincadeira do psicanalista é essa, não concorda? Daí ele faz assim, primeira coluna: Freud, Winnicott, Lacan, Alain Miller, todos os craques. Daí: *Christian Dunker*. É uma coisa ridícula. Quantos psicanalistas no mundo, consagrados, lidos, têm uma obra e daí o cara vai e ele põe para agredir: "Risque você também, elimine você também". Olha só que perda de noção geracional, de noção do volume das coisas. Me lembra um pouco quando eu estava na faculdade, e era uma época em que tinha pouca leitura do campo, você não sabia direito quem era quem, quem dava aula onde, as instituições e tal. Então tinha uma pesquisa anual, acho que era

a *Veja* que fazia, que era assim: "Quem são os psicólogos mais importantes de todos os tempos?". E a resposta era invariavelmente: Freud, Jung e Içami Tiba. Içami Tiba era um psiquiatra, um clínico de adolescentes, local, provincial, uma pessoa com uma obra de divulgação. Olha o que é o Brasil, né? Vamos falar os psicólogos, os mais importantes, você conhece dois e depois vem uma pessoa que não tem o mesmo tamanho, que não é daquela magnitude.

ANA: Isso que eu ia colocar, essa divisão perigosa do amor, que é o amor na sua pior vertente, na mais degradada, que é essa que não consegue renunciar ao objeto. Aí fica de novo objeto, de novo objeto... Cara, vai cuidar da sua vida, acha outro pra colocar nessa. Desgruda!

CHRISTIAN: Vai cuidar da sua vida. Que interessante essa: *Vai cuidar da sua vida!* Porque esta *não* é a sua vida. Você está vivendo uma vida alheia.

ANA: Na minha interpretação, não é possível que alguém tenha uma vida assim.

CHRISTIAN: Exato. Exato.

ANA: Isso diz de mim, na verdade: "Vai cuidar da sua vida". Porque não é possível para mim que alguém vá viver desse jeito.

CHRISTIAN: E acho que isso volta à nossa hierarquia dos existentes, né?

ANA: Uhum.

CHRISTIAN: Até o próprio neoliberalismo, nossa forma de consumo, de produção, faz essa hierarquização e dissemina a ideia de que se você não é super, então é irrelevante. Você não é ninguém. E, veja, não é só o ninguém que seria assim narcisicamente ninguém, esse que é o problema. "Ah, eu sou um zé-ninguém", como dizia Reich; é que sendo ninguém, você é matável, você morre. Aí não é mais uma brincadeirinha de que eu não gosto de você e que eu te odeio etc., né? Acho que aí, sim, é um problema de saúde mental coletiva, essa sensação de empobrecimento psíquico, de que a minha vida não é importante, de que os outros contam tão mais sobre si, de que eu não sou ninguém. Só alguns podem existir, entende? É uma estrutura *Big Brother*, vai lá, assiste e diz: "É o que está acontecendo". O que a gente faz com os excluídos que já estavam e que agora estão incluídos e que se sentem mais excluídos ainda porque foram incluídos. Porque estão agora na rede. Quando o sujeito não tinha acesso a isso, ele não tinha essa experiência. Eu estou aqui no meu jardim, que *cazzo* a vida do outro, né? Não tem que encher o Chris Dunker de nada.

PARTE quatro

DESCOBRIR-SE NA RELAÇÃO COM O OUTRO

Estamos o tempo todo querendo ser amados?

CHRISTIAN: Eu trocaria para *ser reconhecidos*. Porque amar sugere a positividade do amor. Mas, por exemplo: odiar, mesma chave; admirar, mesma chave; idealizar, mesma chave, né? E aí fica mais fácil a gente ver também as patologias do reconhecimento. Desprezo, indiferença, diferença forçada, o que é isso? Eu não te reconheço, eu não te concedo a existência. Desrespeito, humilhação, tudo isso são práticas ligadas a como a gente é reconhecido, e como é que o amor se distribui nisso.

ANA: É, eu acho que o amor fica muito longe dessa equação toda, muito distante. Então a palavra amor vende, a palavra amor interessa. Especialmente se isso estiver ligado a um manual: "Como fazer para ser amado?", "O que eu preciso fazer pra ser olhado pelo outro?", "O que eu preciso fazer?". Mas isso tudo é crença. Creio que são formas de a gente se deixar enganar de que se o outro nos reconhece, então nós existimos. E se nós existimos, então podemos ser amados.

CHRISTIAN: E que o amor, pra ele ir em frente, é dialogal: você fala, eu falo; a gente vai, acrescenta mais um tijolo; tem um silêncio. Ele envolve necessariamente esse vai e vem. Tanto

que se você não responde, o amor vai minguando. O problema do ódio é que ele sobrevive ao silêncio. Ele é monológico. Você pode não me responder nada, porque o teu silêncio diz que você está me desprezando e, por isso, eu te odeio mais ainda. E o fato de você não ler os comentários vai dizer que você não me ama, portanto eu te odeio mais ainda. E isso coloca o amor numa posição mais fraca do que o ódio, em termos de monetização digital.

ANA: Penso que isso acontece porque o amor se alimenta de limites. Eu preciso impor um limite para encontrar alguma coisa do outro, por isso me interessa pensar num amor numa conversa com a realidade, diferente do ódio, que está ligado a um lugar ilimitado em nós e por isso tem uma dimensão tão perigosa e incinerativa.

> O amor se alimenta de limites.

CHRISTIAN: Incinerativa. Eu acho que sim! Mas como você vê aí, e como atualizaria o fato de que: "Tá bom, tem o ódio, tem o amor, mas tem a ignorância?". A nossa paixão, por dever de ofício, reza a lenda, é a paixão da ignorância, a ignorância douta e tal. Mas nós cultivamos não saber, cultivamos dúvidas, inquietudes, indeterminações do ser e congêneres. Como que a gente sustenta a douta ignorância? Inclusive da ignorância soberba. A ignorância Dunning-Kruger.

> O problema do ódio é que ele sobrevive ao silêncio.

ANA: "Não sei, não quero saber e tenho raiva de quem sabe."

CHRISTIAN: Exato! Esse já é meio caminho. O problema é: eu sei, você não sabe e tenho raiva de quem diz que nós juntos não sabemos, né?

ANA: É. E talvez essa obsessão pelo reconhecimento seja uma forma dessa paixão pela ignorância. Por que vou pagar a conta do analista pra nunca mais ter que saber de mim? Que não é o analista, mas é o meio digital, que é esse outro. Que outro é esse? É conhecido por quem?

CHRISTIAN: É, mas aí é ignorância enquanto alienação, enquanto ignorância selvagem.

ANA: Ignorância selvagem. Douta ignorância, né?

CHRISTIAN: É. Porque quando, e de novo, a gente está presente no espaço público, fala sobre psicanálise e tal, as pessoas vêm e falam: "Ah, mas você fala como se soubesse tudo", "Ana Suy, então, dá manuais de como ama". Não é bem isso, gente. É que o formato da conversa leva para isso; a monetização da conversa leva pra isso. Acho e reconheço em vocês esse esforço e esse drama, de como que você trabalha com a ignorância douta em versão 4.0 do digital.

ANA: Você acha que é uma opção? Porque eu sinto que... A psicanálise é uma experiência em

que a gente se propõe a saber alguma coisa sobre não saber. Sei algumas coisas, claro, mas quanto mais a gente avança nisso, mais esse não saber, esse mistério, vamos dizer assim, vai crescendo.

CHRISTIAN: São as coisas de Eros: "Só sei que nada sei. Mas eu sei das coisas de Eros". A gente sabe, a gente sente, a gente pratica, mas outros não percebem assim. Outros percebem que são doutos que estão dando receitas, que estão falando como deve ser, que estão sacramentando a missa psicanalítica, e eu acho que tem más intenções, mas tem também o fato de que... é difícil, a tarefa é difícil. A gente não tem muitos antecessores, primeira vez que estamos fazendo, como é que faz a engenhoca? Não é só porque há limitação, é porque a coisa é complexa.

ANA: Eu tenho uma questão, que é sempre: o que é que eu estou fazendo? Não sei muito bem o que eu estou fazendo. Mas uma coisa que eu aprendi na minha análise é a apostar no depois. Talvez depois eu entenda o que está acontecendo aqui, o que eu fiz aqui, sei lá. Talvez não.

> O que é que eu estou fazendo?

CHRISTIAN: Pois é, essa mesma questão que eu estou te devolvendo numa outra chave. Tem esse benefício, a complacência. Não dá pra saber por que nós estamos aqui em cima da pinta; até

> A psicanálise é uma experiência em que a gente se propõe a saber alguma coisa sobre não saber.

então é a criação, talvez, de um outro espaço, de um outro momento. Mas eu gosto de boas práticas, onde é que a coisa está indo melhor e onde ela está indo pior? Porque tem questões, você deve estar acompanhando, que são assim: nesse ambiente, já que liberou geral, agora a gente já fala, a gente aparece, a gente escreve, as pessoas sabem como a gente se organiza. Então, alunos e ex-alunos meus: "Vamos regulamentar a psicanálise". Que daí vai acabar com a pessoa lá dizendo "eu sou empresário do TDAH", a outra dizendo "eu faço você perder vinte quilos em duas semanas", o outro pegando a voz de um pra fazer propaganda, o outro vendendo kit de psicanálise contra angústia – que é um descalabro –, a gente fica meio assim... Não sei como você lida com isso, mas você vê que a reação mais óbvia é trair o que a gente sempre defendeu: a psicanálise tem uma autorregulação, ela é feita pelos psicanalistas e nas mesmas associações, nas escolas, nos grupos, na nossa comunidade. Nós vamos deixar de ser uma comunidade, vamos começar a passar a ser só instituições? É isso? Perdemos? Essa batalha não dá pra ir pro digital, porque nós vamos perder, porque vai ter o cara lá vendendo carteirinha de psicanalista, hino de psicanalista. Sabia? Tem um hino, ele se forma e tem um hino, tem oração dos psicanalistas.

ANA: Hino? Gente, eu vi até o anel. Sobre o hino eu não sabia.

CHRISTIAN: O anel tem.

ANA: O broche, o sindicato.

CHRISTIAN: O sindicato. Integrativa, desintegrativa, católica, quântica.

ANA: Quântica tem?

CHRISTIAN: Tem! E o que a gente faz com isso? Espera-se que quem faz o que a gente faz tenha uma opinião um pouco mais definida sobre esse ponto. E sabe por que esse problema é mais agudo ainda do que em outros casos? Porque o nosso serviço, o nosso anúncio, o nosso pagamento, pode ser feito integralmente on-line. Aí eu anuncio que sou psicanalista, botânico, zoólogo e faço também massagem astral. Tudo bem, e tá valendo. Daí a pessoa me contacta pelo Instagram, onde eu faço postagens turbulentas e adocicadas. E daí ela faz o tratamento comigo, ela me paga on-line e nunca me viu, posso até usar um nome falso. Cara, isso não é tão comum assim. Quais profissões conseguem ser inteiramente assimiladas em quase todo o seu processo? Nem medicina dá, porque daí o cara tem que ir ao hospital, tem que comprar o remédio, tem que ter uma fórmula. Um engenheiro tem que entregar uma ponte, o cara que trabalha com marketing tem que entregar um

negócio, mas o negócio vai para várias mídias e você tem que fazer contratos que garantam a licitude pública... E a gente não tem que fazer nada disso. Eu acho que regulamentar a psicanálise é fria, deixar desse jeito também é fria, quem vai resolver isso?

ANA: Mágica.

CHRISTIAN: Não sei! Mas acho que a minha geração perdeu essa, é com vocês agora.

ANA: Pois é. Eu acho que eu não sei. Acho, não, eu sei que não sei o que fazer com isso. Creio que a gente faz um trabalho, Christian, de divulgação da psicanálise. E se as pessoas vão se aproximando com essa ideia, elas vão estranhando, pelo menos, certas canalhices. E vão aprendendo a reconhecer o cheiro um pouco, né? Enfim. Já passei por uma fase em que fiquei muito tomada por querer "ajudar" as pessoas a não caírem em ciladas. Porque quando começou, creio que foi um momento das redes sociais, e eu comecei a ver essas coisas. É desesperador quando você começa a clicar nesses negócios, porque o algoritmo é baseado no que você está pesquisando, e aí vai aparecendo cada vez mais. Eu ficava muito indignada. Escutei algumas pessoas que tinham tido experiências com esses trambiques.

CHRISTIAN: Muitos escrevem para a gente e contam histórias pungentes.

ANA: Muitos escrevem. E aí eu fiquei pensando também nas pessoas que precisavam ser salvas disso. Eu penso que há um perigo aí, mas esse é um problema meu, né? Tipo, um problema narcísico meu; digo problema no sentido das transferências que acontecem aí. Porque eu não sei até que ponto essas pessoas não sabem que isso é um trambique.

CHRISTIAN: Você não sabe até que ponto essas pessoas não sabem até que ponto é um trambique? Ou sabem?

ANA: Sabem.

CHRISTIAN: Os trambiqueiros ou os pacientes?

ANA: Os pacientes. Eu acho que tem muita gente que sabe da fria em que está se metendo, e entra e tem essa coisa...

CHRISTIAN: Adoro! *Me engana que eu gosto.*

ANA: É. Essa propagação é muito pela via do ganhar dinheiro fácil: "Seja você também um psicanalista". O que é preciso fazer? Tantas sessões de análise com fulano de tal para ganhar um anel. Então entra muito tomado por uma coisa que se você entendeu qualquer coisa da psicanálise, qualquer coisa mesmo, você se depara muito

rapidamente com o fato de que isso não é um negócio atrativo.

CHRISTIAN: Parece uma pirâmide.

ANA: Não é atrativo, né? Você vai fazer pra você viver ali sua vida, mas, pra você ser analista, trabalhar como analista, não é um negócio atrativo.

CHRISTIAN: O golpe é atrativo.

ANA: O golpe é atrativo, exatamente. Então acho que tem alguma coisa por aí que pega.

É preciso se amar primeiro antes de amar o outro?

CHRISTIAN: Eu não acho que o amor a si seja primário, eu acho que o amor, geneticamente, pensando no desenvolvimento desse sentimento, parece suceder ao ódio. Pensando nas ideias de Melanie Klein, de que a princípio a criança tem que se haver com a insatisfação, com a falta do objeto que não veio na hora certa, estava ausente. Isso leva a uma resposta que é alucinar primeiro, imaginar, e depois se indispor com o objeto, destruí-lo, atacá-lo. O amor é uma reparação, um decorrente de um entendimento de que: "Pera aí, deixa eu voltar atrás, não era bem assim, perdão". Ele se desenvolve quando a criança saca o que é o ato de dar, e reciprocamente reinterpreta o ato de receber. E me parece que o amor-próprio vem... Bem, o amor-próprio é uma distinção feita por Rousseau que diz que nós temos dois tipos de amor direcionados ao eu: o *"amour de soi"*, o amor de si, e o amor-próprio. O amor-próprio, como o nome diz, remete à propriedade. Tratar-se como propriedade significa: tem valor, não tem valor, investe, desinveste, troca. Isso é o que tem valor. Abusa, usa, porque aquilo é uma propriedade, o eu como se fosse algo que pode ser possuído, um "possuível". O *amour de soi* é ter um certo sentimento de integridade, e há a necessidade de protegê-lo,

de conservar algo que você nem sabe direito o que é. Só é possível entender de fato o amor de si depois do amor-próprio, como uma espécie de versão posterior do amor-próprio. Acho que a preocupação com o amar a si vem de uma época em que era preciso ter uma tarefa para se constituir como um objeto e uma propriedade viável a partir do olhar do outro. Então para existir no mercado dos objetos, você precisa da sanção desse olhar e do sobreinvestimento de si, para que aquilo seja uma propriedade extensível, alienável, uma imagem que se pode vender e investir libidinalmente. Então, no fundo, a gente é obcecado por isso porque tem uma hemorragia de base, uma espécie de escoamento excessivo na reposição narcísica. Talvez outras épocas, outras culturas também vivessem momentos agudos nos quais o eu precisava ser reposto. Mas esses são momentos de crise, de confronto, quando você sai do seu lugar, viaja, vai para outra família. São momentos pontuais. Nós inventamos uma vida plena de reposição narcísica, né? Não sei.

ANA: É. Eu não sei o que é isso que chamam de amor-próprio. Na verdade, eu tenho muita dificuldade de entender o que é. Porque a própria palavra amor, de maneira geral, não precisa nem ser pelo outro, já é um enigma. Contempla uma grande Torre de Babel, em um cenário em que a gente não sabe muito bem o que diz quando

fala de amor, nem de si, que dirá pro outro. E a gente tem esse pacto de usar a palavra "amor" para dizer coisas que são muito diferentes entre si. Mas, quando estamos falando em relação ao outro, ainda tem uma certa possibilidade de entendermos, ou acharmos que entendemos, que há uma direção, um direcionamento disso para o outro – Eros –, de me ligar ao outro. Agora o amor-próprio é para quê? Para que serve isso? Qual a função disso? Existe um outro termo para falar de algo que parece que tem a ver com isso, que é o tal do autoamor, né? Que também é uma coisa que, pra que isso? Eu não sei muito bem o que são essas fixações, mas parece que há relação com esse enamoramento de uma imagem que se faz de si mesmo. E aí eu acho que a gente entra nesse lugar, que era isso que você estava trazendo, do amor-próprio como alguma coisa que aparece como depois. Porque eu preciso tratar de me descolar de alguma maneira de mim, pra poder fazer uma imagem de quem eu sou. E daí é essa imagem que eu amo, não é quem eu sou em essência – não que isso exista mesmo –, é a imagem que eu tenho de mim. E aí a gente entra inclusive no campo das crenças. Porque se eu acredito que eu sou inconveniente, isso não é me amar. Eu preciso acreditar que eu mereço, que eu sou boa, que eu sou amável, enfim. E é lidando com essa minha versão de mim mesma, que é essa versão idealizada de mim mesma, que eu

> Talvez, amar a si mesmo, como se diz por aí, seja poder idealizar a si mesmo.

vou ter boas conquistas na vida, e, se eu não tiver essa versão tão bem-feita, vou ter péssimas experiências. Penso que isso demonstra o quanto, talvez, amar a si mesmo, como se diz por aí, seja poder idealizar a si mesmo. Porque não deixa de ser uma idealização que eu faço de mim quando eu amo a imagem que eu tenho de quem eu sou. Mas, de novo, pra que serve isso? Pra que serve isso, Christian?

CHRISTIAN: Eu estava pensando nas incidências do termo, e ele se tornou muito importante na moralidade do século 14, apesar de ter nascido e se popularizado no 16. Ele se torna muito importante nos romances, então você vai ler os romances românticos, naturalistas, os de capa e espada, os romances nacionalistas giram em torno da honra, em torno da defesa de uma posição social que se estende para como você exerce sua paternidade, como você exerce sua feminilidade, como você exerce sua sexualidade. Eu acho que o amor-próprio tem a ver com como ele é um pouco um herdeiro civilizado do nosso ideal bélico, que era o anterior. Amor-próprio é ruim, mas vamos ver o antecedente dele? Ele era um bicho, e o amor-próprio tinha a ver com autoconservação e com ataque ao outro. O amor-próprio era a sua capacidade de devorar as fronteiras, de mostrar que era sua cultura, sua família, seu genos, que deveria se impor ao outro. Agora a gente não vive

em estado de guerra, mas a gente tem guerras parciais simuladas que são os duelos, pra defender a honra. Veja que, nesse mesmo momento, a gente tem uma patologia que aparece no romance, que é o bovarismo, em *Madame Bovary*.[1] Qual era o problema de madame Bovary? Ela queria ser outra. Como assim querer ser outra? Você nasceu aqui, filha dele, nessa cidade, então seu destino, sua existência, está estabilizada nesse espaço-tempo e nesse eu, que é o que você deve ter. Então a ideia de sair e ter um outro eu, um eu mutante, um eu que você escolheu – algo extremamente novo – é contemporânea e cruzada com a ideia de que você, portanto, pode perder o seu respeito social, pode deixar de existir socialmente. Você tem que fazer alguma coisa para manter a sua propriedade valorizada, fértil, próspera, crescente, e isso tem a ver com essa prótese, de que você está falando, de uma relação "proprietarista" consigo. As duas escondem uma outra coisa que aparece no amor e que, aí sim, eu acho que nós estamos metidos com isso. Que não é a relação de autoamor, autocuidado, porque isso é narcisismo e, no fundo, interesse. Como é que você tem que se modelar para conseguir ter valor de mercado. Mas uma coisa que isso acaba impondo, mas relegado ao segundo plano, é o cuidado consigo. E o cuidado consigo, em primeiro lugar, acontece na relação com o outro, nunca é você e seu espelho. Quando você fica sozinho, deixa

de cuidar de si, os viúvos e viúvas que o digam. Quando você se isola, não faz mais a barba, não corta o cabelo, você vira um ogro, porque o cuidado é com o outro, né? É com esse espelho que diz para você: olha, eu posso te amar melhor. E justamente o amor-próprio-madame-Bovary implica um descuido consigo. Ela vai se ferrando porque vai querendo ser outra e não cuida mais de si, no sentido da relação que ela tem com o filho de que ela gosta, no sentido da história que ela tem com o pai, no sentido do próprio casamento dela. Tudo bem se separar etc., mas ela se separa por desleixo, por descuido. Porque justamente isso acaba ficando pra trás quando você se interessa demais pelo seu amor-próprio.

ANA: Sim. E é muito bom esse fio que você puxa, porque você traz especialmente o que é o tal do amor-próprio que, não por acaso, é uma expressão que aparece muito no lado das mulheres, no mercado da feminilidade, então os procedimentos estéticos, maquiagens, adereços, esses adornos falhos que aparecem por aí e essa preocupação relacionada à propriedade que justamente era isso. A mulher como propriedade do homem, a mulher precisando ter valor de mercado, precisando se fazer para o outro para ser amada. Creio que talvez seja sintomático do nosso tempo fazer isso a si mesmo, então já não é mais para o outro, mas tem que ser pra si mesmo

> O cuidado consigo,
> em primeiro lugar,
> acontece na relação
> com o outro, nunca
> é você e seu espelho.
> Quando você fica
> sozinho, deixa
> de cuidar de si.

pelo menos. Para que daí, depois, seja pelo outro. Enfim, são estes discursos: você precisa primeiro se amar para depois ser amado pelo outro; você precisa se amar e precisa não precisar do outro. Isso vai crescendo e ganhando proporções que vão abandonando as dimensões do cuidado e vão, às vezes, ganhando uma ferocidade superegoica mesmo, né? Nessa obsessão dessa melhor versão, do rosto sem poros, do corpo dentro de um padrão muito milimetricamente impossível e o quanto se vai, tantas vezes, abandonando o cuidado em busca dessa imagem ideal.

CHRISTIAN: E se a gente for fazer a arqueologia disso, essa relação de propriedade vem da escravidão. Então é como um objeto que confirma a elevação, a virilidade etc. do seu possuidor que as mulheres entram na história. Então, mostrando como isso vigora, o cuidado de si acaba se transformando em outra coisa, em domínio, em disciplina, em maquiagem controlada de si. Vamos pensar, por exemplo, no *Dom Casmurro*,[2] o que acontece? Ele se destrói porque imagina que o objeto dele pode ter desejado outro homem. É o complexo de ciúmes que está envolvido no amor-próprio. Qual é o problema de ser traído? Ser cornudo? No fundo, vamos ver ali na boca do caixa, é que ele se apossou do que era meu, e a minha honra foi ferida. O que me parece ruim, muito ruim, na formulação do amar

a si, do autoamor, é que ela – queria te ouvir a respeito – homogeneíza e positiva a qualidade do amor. Há amores que são péssimos. Amar o outro como a si mesmo, ah, é? Só que eu sou masoquista, sabe? Então eu me amo masoquistamente, e vou amar você assim também, você não vai gostar. Há formas de amor ultrajantes, rebaixantes. O próprio dito, né? "Senhor, eu não sou digno do seu amor, porque sou humilhado, rebaixado e reduzido", isso é uma forma de amor que pode ser que uns tenham um engajamento pleno nisso, mas há formas dependentes, a gente vive nesse negócio, há formas ultrajantes, há formas violentas de amor. Porque tem gente que rouba nos números e diz assim: "Se tem violência, então não é amor". É, é. Você que está com sua cabecinha achando que amor salva sempre, que é positivo, que é uma coisa só. Então o amor-próprio pode ser feito daquelas condições mais tóxicas, das ervas aromáticas que compõem esse sentimento.

ANA: Sim! E a gente faz tanta coisa pra salvar o amor, né? Salvar o amor no sentido da fantasia que temos do que é o amor. E que facilmente acaba sendo uma visão moralista. Isso é amor, isso não é amor. Ah, não aconteceu isso? *Então não é amor.* A gente tem essa ideia do amor higiênico, que é o amor fofinho, querido, desprovido das suas toxicidades.

CHRISTIAN: E que geralmente é a sua fantasia. Que, chega no fim, salva todo mundo. "Amor, cheguei!"

ANA: Exato! E que não termina, não é abalado, está garantido.

CHRISTIAN: Sim. Uma vez conquistado, é meu.

ANA: Tem posse.

CHRISTIAN: Tem posse, isso mesmo.

ANA: Enfim, a teoria das pulsões de Freud vai justamente colocar, como você estava falando, a dimensão do ódio não só anterior ao amor, mas como constitutivo dele. Então, amar é odiar.

CHRISTIAN: E amar é querer ser amado. Talvez, amar o outro como a si mesmo seja um mandamento impossível,[3] porque não conseguimos amar a nós mesmos sem nos idealizarmos. Portanto, quando amamos o outro como nós mesmos, não estamos amando o outro em sua real alteridade, em sua justa medida e volume. E este a mais que infiltramos no cálculo neurótico do gozo, de um e de outro, se voltará contra nós como falsa promessa e decepção.

> Então, amar é odiar.
>
> E amar é querer ser amado.

ANA: E a questão é: o que você faz com isso? O que você faz com o ódio, com a demanda de amor? E todas essas questões que ficam por trás dessa ideia mais sedutora de que o amor é pela imagem que se tem de si, no sentido mais banal da primeira coisa que se vê, a imagem mesmo. E engraçado é que a gente vive num tempo que tem o tal do termo narcisista, que todo mundo é narcisista...

CHRISTIAN: Mas as mães são mais ainda.

ANA: É, as mães são as piores.

CHRISTIAN: Estou provocando!

ANA: São as piores. Porque todo mundo é filho de mãe narcisista, enfim. Então existe toda essa obsessão com o termo "narcisismo". O narcisista, o invejoso é sempre o outro; nós, não. Estamos a salvo, né? A gente faz terapia. Não tem essa máxima recente? "Eu faço terapia para lidar com quem não faz terapia."

CHRISTIAN: Acho que esta formulação é tão mais verdadeira quando nós a pegamos pelo seu sentido menos óbvio. O sentido narcísico padrão diz: eu sei mais sobre mim e sobre conflitos do que os outros. Posso me curar, mas daí volto para uma sociedade doente, onde os outros são ogros, trols e bárbaros. Isso me faz voltar e persistir no divã, na segunda fase, não mais para me

Não conseguimos
amar a nós
mesmos sem
nos idealizarmos.
Portanto, quando
amamos o outro
como nós mesmos,
não estamos amando
o outro em sua
real alteridade,
em sua justa
medida e volume.

aguentar, mas para aguentar os outros, fora do meu vale encantado. O sentido menos óbvio aqui é que faço terapia para enfrentar desde sempre o outro, não os inumanos e replicantes que eu posso ver por toda parte, mas justamente estes que me habitam, sem que eu consiga perceber que eu jamais os coloco em análise, porque, afinal de contas: racistas são *os outros*. Como costumava dizer Bento Prado Júnior, sempre se é o irracional de alguém.

ANA: Por que nós, os "alecrins dourados", não temos nada a ver com isso, é que o mundo não nos entende, né? "Oh, céus, oh vida",[4] ou como diz Mafalda: "Justo a mim coube ser eu".[5] E o outro é sempre esse algoz. Mas quando a gente vai no conceito de Freud do narcisismo, eu gosto muito que, na edição da Imago,[6] aparece que o narcisismo primário está ligado à autoestima, mas, na da Companhia das Letras,[7] aparece o narcisismo ligado ao sentimento de si. E esse termo, "o sentimento de si", é muito bom, diz muito disso do cuidado. Que tem a ver com essa parte do amor que nos interessa mais, que se relaciona, então, com quanto a gente precisa cuidar da gente para cuidar do outro, quanto a gente precisa do outro para ficar sozinho, quanto a gente precisa do outro pra constituir a ficção de que nós somos alguém, que temos algo, que temos inclusive um corpo.

CHRISTIAN: Você sabe que isso aí é um problema de tradução pouco discutido, né? Em *Luto e melancolia*,[8] nos textos de 1910, 1915, a expressão que aparece é *Selbstgefühl*, é o *self*, é o si mesmo, então é o amor de si. Nos textos a partir de 1927, *Psicologia das massas*[9] e *O mal-estar na cultura*,[10] aparece outra expressão que é *Ichgefühl*, ou seja, o sentimento do eu. Então essa diferença que está lá em Rousseau, amor de si e amor-próprio, tem um correlato potencial em Freud. Nominal. E o que você está falando do sentimento de si como, vamos dizer assim, algo que é difícil de desentranhar nas formas de amor, eu acho que tem a ver aqui com nosso tema pelo seguinte: é nele que historicamente se forma, talvez, o sentimento de que você pode existir. Quer dizer, de que você é amado, ainda que na prática não tenha sido, mas de que você é amado ou amada pelo que você é, não pelo que você faz. Olha só, tem uma ontologia aí, tem uma pressuposição de estabilidade que é muito importante numa época que vai dizer pra você: "Olha, eu só te amo, adulto, se você me trata bem", "Eu só te amo, te admiro, se você faz uma boa obra", "Eu gosto de você pelo que você faz comigo, não pelo que você é". Ah, mas e aquele outro lá? E aquele amor que está ligado à existência? Ou a gente reencontra, reproduz, sublima. É um problema, né?

ANA: E que toca também nessa questão das mães narcísicas.

CHRISTIAN: Sim, exatamente! Ali, você é *amar*, porque você é, só que você não é você. Você é uma extensão narcísica, um puxadinho da *mommy*.

ANA: Exatamente! E a gente acredita que é alguma coisa a partir desse puxadinho da *mommy*. Essa é a nossa primeira versão, né? Então eu sou primeiro isso, daí a minha possibilidade de ser amado, aliás, a garantia que a criança sente de ser amada é tanto por ela ser esse narcisismo renascido dos pais. Então não é só um pedaço, não é só um puxadinho do outro, mas é "O" puxadinho do outro, né?

CHRISTIAN: Exato! Então, mas algo se dá aí, nesse, até então, ali não era eu, agora que sou eu, então perdi, mas aquilo que eu perdi engendra um certo modo estável de ser. É essa posição que penso que se tornou rara, cobiçada. É quando começamos a inventar e superinflar o amor porque, junto com essa inflação, esse pedacinho vai vir junto, né? E é muito difícil, na análise – não sei como você pensa isso –, você encontrar isso sem que seja um falso *self*, uma reedição do eu ideal, isso é o que a *mommy* queria. Porque isso, vamos dizer assim, permitiria a você viver desamparado e ainda assim ser. Ser em falta, *manque à être*. Essa invenção de Lacan é sensacional, mas ela não é

manque à être porque todos somos *manque à être*, na linguagem... tem essa versão, né? *Manque à être* também é uma conquista, uma realização do sujeito. Porque, em geral, isso some na poeira.

ANA: Não sei se é por aí, mas acho que seguindo por aí, chegamos no fato de que não temos desejos que não sejam dos outros. Que é essa indissociabilidade que se encontra. Então essa coisa de encontrar a minha verdadeira essência, meu verdadeiro eu, vem um pouco dessa ideia, dessa imagem, que a gente tem, de que há um núcleo do ser. Que ele está soterrado. Que quando chegar a esse núcleo, aí, sim, você se encontrou, e você é isso e está garantido, né? E a gente vai descobrindo na análise que isso aqui não existe.

> Não temos desejos que não sejam dos outros.

CHRISTIAN: Então, isso não existe, né? Mas eu estou tentando ampliar essa não existência. Porque a gente pode dizer isso como uma condição que veio no pacote. A gente criou uma essência, uma perfeição etc., um pouco como o paraíso perdido, mas é uma ficção no mau sentido de ficção, uma ilusão assim encobridora. Eu estou tentando ir pra ideia de que, no engendramento dessa essência, ela tem mais a ver com as experiências de desaparição, as experiências de descer, de desexistir. Vamos imaginar se, naquele lugar

onde eu teria sido, num determinado momento, eu deixei de ser. Acho que Lacan pensou bastante nisso, mas quando Bion fala das angústias impensáveis, do sentimento de cair infinito, ele está tematizando esse negócio de que há certas angústias que não são as de castração e que têm a ver com desaparição, devastação, por exemplo. Ou seja, como é que a gente aprende, acho que isso tem a ver com morrer, infinitude. Como é que a gente aprende a desaparecer? E a entender que a desaparição é um modo de existência.

ANA: Fale-me mais sobre isso.

CHRISTIAN: De que no fundo... (eu não sei se eu estou complicando demais, vocês me tirem desse buraco escuro onde eu estou me metendo). Mas, no fundo, a discussão sobre o eu, amar ou amar outro, ela está atravessada pelo quê? Por que nós temos que viver apenas na forma de indivíduo? Ninguém pôs isso em discussão até aqui. Por que existir é existir como indivíduo? Nem sempre foi assim, hoje não é assim pra todos. Há culturas holistas, daí é num outro sentido de forma indivíduo, mas a gente deposita e chama de existência a minha existência – olha a propriedade – que é a forma-indivíduo. Quando eu deixo de ter a forma-indivíduo, desenvolvo Alzheimer, eu não existo mais. Será? E se a gente existisse para além ou para aquém da forma indivíduo? Daí eu vou chamar Lacan, fora de nós mesmos, um objeto a.

Se a gente existisse no olhar do outro e se a gente existisse fora do corpo, o gozo. Olha quantas figuras da existência fora da forma indivíduo. O que o narcisismo e seus acompanhantes fazem é dizer: só pode amar na forma-indivíduo. E então se está amando, está amando esse pacote semblante que chamo de indivíduo. A psicanálise é uma máquina de guerra contra isso, contra estarmos condenados a viver e amar individualmente. Não pronominal, outro grande termo; não predicativa. Quando a gente fala do amor: "Ah, eu te amo", quer dizer o quê? Suas botas, seu jeito, como você faz assim? Qualquer resposta que eu der pra qualquer traço você vai achar ultrajante.

ANA: E todas vão ser mentirosas.

CHRISTIAN: E vão ser mentirosas. Então, o que eu amo quando eu digo que eu te amo?

ANA: Pois é, né? Porque tem a ver com alguma coisa que escapa.

CHRISTIAN: Alguma coisa que escapa, que está em ti, mas está em mais do que em ti, em tu.

ANA: "Eu te mutilo".[11]

CHRISTIAN: É, eu te mutilo. Isso que eu estou lendo lá, no final d'*O Seminário, livro 11*, exatamente. Ou seja, para te amar de verdade, é preciso que eu, vamos dizer assim, aponte algo na

> Como é que a
> gente aprende
> a desaparecer?
> E a entender que
> a desaparição
> é um modo
> de existência.

desaparição do seu ser. Eu te mutilo, aí eu amo. Mas por que isso é possível sem ser simplesmente sadismo, violência e destruição? Porque a gente existe além da forma indivíduo. A linguagem leva a gente pra fora da forma indivíduo.

ANA: Me deixa voltar um negocinho antes, no "subsolo" aqui. Mas que é o fato de que o amor é justamente aquilo que nos coloca, ao mesmo tempo, com uma evidência de que tem algo do indivíduo que nos toca, do narcisismo...

CHRISTIAN: Sim! Se eu não posso, troca por outra. Não gostei hoje, você está de mau humor, busca outra.

ANA: É, abre uma demanda aí. Mas, ao mesmo tempo, também é aquilo que nos "estrangeiriza" e que desmonta essa condição de indivíduo. Porque quando você ama alguém – seja lá o que se ama quando se ama alguém –, você faz existir.

> Porque quando você ama alguém – seja lá o que se ama quando se ama alguém –, você faz existir.

CHRISTIAN: Você faz existir. As pessoas dizem isso! "Passou a existir alguém na minha vida!"

ANA: Passou a existir você mesmo fora de si.

CHRISTIAN: Exatamente, por isso você enlouquece quando ama.

ANA: Freud coloca, em *O mal-estar na cultura*,[12] que, no auge do enamoramento, as fronteiras entre o eu e o objeto ameaçam se sobrepor. Então é um estado fronteiriço de loucura, só que como a gente chama isso de amor, então...

CHRISTIAN: É verdade. É a existência que começa quando a fronteira entre o eu e o não eu, entre amor e amar e ser amado se dissolvem. Porque elas são fronteiras não necessárias. São fronteiras socialmente construídas, sei lá, vamos dizer.

ANA: Sim, não são estáveis.

CHRISTIAN: Não são estáveis.

A projeção dos nossos ideais e expectativas no outro

CHRISTIAN: O reconhecimento tem a ver com esse fazer existir, e, portanto, o amor seria uma espécie de matriz básica de como uma psicanálise pensa esse reconhecimento, a gramática básica do reconhecimento, e eu começaria declarando a minha intensa inquietude e crítica com duas palavras ascendentes do contemporâneo que são: validar e legitimar. Preciso validar o outro. Que *cazzo* de validar o outro o quê? Validar é dar valor.

ANA: *Vá lidar.*

CHRISTIAN: *Vá lidar com isso!* As pessoas não têm valor, elas têm dignidade. Dar valor é dizer: você existe num determinado mercado simbólico. Entendo, tá, mas querer que isso seja o X da questão é muito pouco. Validar é um efeito: você concorda, então você valida. A pessoa te conquista, então você ama. A validação é como autoridade, ela vem por acréscimo. E a legitimidade, também, as duas coisas eu entendo que estejam ambicionando o que é lei, é legítimo. Eu tenho direito "a". Você me legitima? Você me deixa? Então você é o autor da lei, é isso? Não! Não funciona, justamente porque o amor e as experiências de reconhecimento são uma espécie de luta, mas uma luta ritual, uma luta dentro

do carinho, sei lá, das regras do jogo pra decidir qual vai ser a lei. Então se um tem que legitimar, o outro faz o quê? Não legitima? Não! A gente está junto. A lei tem que ser compartilhada, tem que ser construída em conjunto. Então nenhum valida o outro, nem o outro legitima um. Trata-se de reconhecimento. Mas o rebaixamento das formas de conhecimento já diz que a gente está mal nessa parada. A gente está lidando com uma crise em que nossos modelos de reconhecimento estão operando meio, assim, avariados, né? Por instrumentos.

ANA: E por isso tanta demanda, né? Por essa questão da validação, da legitimação que aparece pulverizada em todo tipo de feedback. "Ah, me dá um feedback. Como é que eu estou indo?"

CHRISTIAN: Outra coisa que eu odeio é isso! Sério! Eu queria um feedback da análise, se eu estou indo bem...

ANA: Se você está perguntando isso é porque não está!

CHRISTIAN: É DR. Quer fazer DR, que já espanou a parafuseta, a biela não está indo, precisa trocar as velas.

ANA: E é por isso que, no fim das contas, a gente faz análise pra poder justamente prescindir disso, né?

CHRISTIAN: É isso! Ou reduzir, acho que sem isso não dá.

ANA: Prescindir é demais, né? Mas, de fato, enxugar significativamente. Não por acaso a psicanálise é uma forma de tratamento que não lida com a alta dada pelo analista. Não é o analista que vai dizer: "Ah, pronto! Agora está joia, eu legitimo tudo o que você fez até aqui", pronto.

CHRISTIAN: Mas a gente dá uns empurrões, vai. Você está muito independente, vamos animar aqui.

ANA: Sim, para que o sujeito possa em algum momento dizer: "Agora eu vou". E acho que essa carência de feedbacks, essa carência de reconhecimento, essa carência de olhar, vão demonstrar justamente quanto tem uma certa constituição do eu, que me parece que é efeito mesmo de um encontro desencontrado com o outro, mas tem também uma certa degradação disso, a tal ponto que não tem nada de mim se o outro não faz existir. Um desamparo muito significativo.

CHRISTIAN: E eu acho que tem um imbróglio, uma entropia, um entulho. Tem uma coisa que é importante, daí você faz aquilo dez vezes por dia, e ela não fica mais importante; é uma coisa que tem um tempo próprio. Então quando, por exemplo, a pessoa pergunta: "Estou indo bem? Deu tudo certo? Era isso que você queria ouvir?", você tira o centro de gravidade do que

está acontecendo aqui, que é o que importa. Mas quando vai acelerando esse processo, você gera juízos que são tão posicionais que desmontam o processo. Você fala: "Está acontecendo um monte de coisa aqui, mas se você quer o feedback, eu dou". Esse negócio aqui não ficou bom. Para mim, isso vale inconsciente nível 2; para você, pode desmontar a pessoa e acabar com o processo. Porque você quer avaliar. O que é avaliar, né? Feedback como avaliação é supereu. Vai dando de comer pro supereu pra você ver o que acontece. Vai ser validação, invalidação, legitimação e deslegitimação. Você ficar esperando uma existência pra ter isso? É muito feno.

ANA: E é uma cilada. Porque também, em *O mal-estar na cultura*, Freud fala que a gente vai alimentando as exigências superegoicas, achando que vai se livrar delas. Então se eu fizer isso, se eu der pro outro aquilo que ele me pede, vou ficar em paz comigo – mas é o contrário. A gente vai inflando o supereu cada vez mais, e as exigências vão ficando cada vez mais desmedidas, e a gente ficando cada vez mais desamparado e cada vez mais pedinte de feedbacks e avaliações dos outros.

CHRISTIAN: E daí vem a internet e te oferece isso o tempo todo: a avaliação "Ao infinito e além!", como Buzz Lightyear,[13] quer? Ah, eu quero porque vou sentir que eu estou progredindo, pequenos passos, indo para algum lugar.

> Se eu der pro outro aquilo que ele me pede, vou ficar em paz comigo – mas é o contrário.

Para quem mostrar a nossa melhor versão?

CHRISTIAN: E que tal mostrar a segunda versão? A terceira? Não sei o que você acha, Ana, mas tem uma confusão entre: você está nas redes, então você está num malabarismo narcísico, você se entregou ao capital das imagens, você está no grande circo show, a sociedade do espetáculo. Por quê? Porque o fora do palco é lá em casa na família? Ali não é palco? No seu clube de psicanálise? Ali não é palco? Não é essa a diferença. A questão é como, e talvez isso esteja exigindo demais da gente, é possível usar a sua imagem para fazer alguma outra coisa, além de poli-la e torná-la mais reluzente e mais brilhante. Ou seja, o reconhecimento tem que estar numa dialética com, vamos chamar assim, o trabalho. A gente até brinca: "Não, mas a pessoa está tão identificada com o trabalho que ela só fala de si a partir do trabalho". Isso é errado, porque é a narcisação do trabalho, mas, por outro lado, existe uma coisa para além do reconhecimento, vamos dizer assim, baseado no amor, que é, por exemplo, o dinheiro. Pago mais, pago menos. "Ah, mas esse cara é feio"; é, mas paga bem. "Esse cara é horrível, ele está fazendo coisas de que ninguém gosta"; é, mas paga bem. Só como exemplo de que nem tudo é lógica de reconhecimento. Tem até o debate na filosofia,

bem importante, de Ronald Dworkin com Nancy Fraser, justamente sobre isso. De que as novas gerações são muito sensíveis a ter um emprego legal, numa coisa que seja prazerosa, onde tem uma máquina de café e onde tudo seja transado e os outros estão me vendo nessa superempresa aqui, que é badalada, "E o salário, ó."[14] E a outra empresa, dura, estilo tradicional, paga bem, mas não oferece esse bônus de reconhecimento muito substancial. Como é que a gente faz para lidar com esse impasse?

ANA: Você não acha que o dinheiro entra também como uma forma de reconhecimento?

CHRISTIAN: Sim, num outro nível. Porque a gente está falando do reconhecimento de tipo narcísico. Ou seja, aquele que não depende do que Freud chamava de amor de objeto. Tem algo que é uma forma de reconhecimento, e inclusive de não relação, que Lacan vai depois dizer que não tem a ver com esse circuito, que ultrapassa esse circuito. E que a gente localiza mal, a gente não consegue ler isso numa pessoa que está lá na internet, por exemplo, dando aulas de filosofia porque gosta de ter uma relação socrática com o conhecimento. E quando ela fala, ela se escuta, ela tem ali suas duas pessoas que estão conversando com ela e que aquela relação é uma relação de transformação que não está baseada no narcisismo. Claro, de saída a gente sempre

conheceu, eu gostei de você, você gostou de mim. Mas o que eu estou falando é o que vem depois de "eu te amo e você me ama", esse é o amor de objeto, é o não narcísico e que, hoje, como tudo vem num manto narcísico, a gente está com dificuldade de reconhecer. É o que eu estou chamando de dinheiro, no caso do debate Ronald contra Nancy Fraser, porque um dizia assim: "Hoje, conta muito mais as identidades e como as pessoas estão sentindo, do que o bolso delas". Você vai dizer: "Isso vai variar com a classe, se você for muito pobre, não é verdade". Isso é problema de quem já deu, já tem casa, carro e aí começam justamente os problemas de condomínio, que é um excesso, um efeito colateral de desigualdade de distribuição, de renda e de bens simbólicos. Que é o desejo, né? Para Lacan, é o desejo, é um outro nível de reconhecimento.

ANA: É. Eu penso que, assim, tudo também toca em alguma dimensão narcísica. É que isso não é tudo. A leitura que se faz do senso comum de narcisismo é a ideia binária. Ou é narcísico, então você está na rede social, então é isso, fechou, não tem nada de produtivo ali. Ou tem que se abster completamente do narcisismo, e a gente está num lugar, às vezes, tão degradado, que é difícil salvar alguma coisa.

CHRISTIAN: E o outro lado vai dizer também: ou você está no capitalismo ou... não tem fora.

ANA: É, na verdade tudo, né? Nessa lógica extremamente binária, fechada, preguiçosa, e que a gente rapidamente diagnostica e já entendeu tudo e não tem nada mais de novo. E acho que isso tem a ver, inclusive, com as dificuldades de reinvenções da intimidade. Porque intimidade é isso que não tem como saber *a priori*, né? É preciso que não só o outro vá trazendo aos poucos, como o outro vá descobrindo também na relação comigo, e eu vou também me descobrindo na relação com o outro, então isso não está pronto para ser encontrado. Isso é feito de trabalho, precisa de tempo, precisa de trabalho de luto... e que tem uma relação com o narcisismo, mas é que isso não é tudo.

CHRISTIAN: Perfeito. Acho que você está colocando que existem negações de reconhecimento, existe o reconhecimento negativo, "te conheço como subalterno, como inferior", e existe o fracasso de reconhecimento. Ou seja, que nós não estamos conseguindo descobrir qual que é o problema aqui, mas nós estamos juntos apesar disso. Ou seja, nós reconhecemos que não conseguimos reconhecer. E esse pacto, vamos dizer assim, cria um efeito muito positivo, que é: nós não conseguimos reconhecer agora. E se a gente olhasse para trás? Se a gente olhasse para a frente? Vai que a gente consegue construir isso mais à frente, e a gente volta ao tema que você

Como a gente sai de si?

introduziu, desde o começo: como a gente sai de si? E é assim que a gente sai de si e da bolha narcísica com o outro. Me lembrou um pouco a versão de uma das primeiras escritas do mito de Narciso, feita por Ovídio no século 1 d.C. e que é interessante. Tem vários elementos que iluminam muito o conceito de narcisismo. Por exemplo, o pai de Narciso se chamava Cefiso e era um rei lindo, querido por todas as mulheres. Mas, um dia, ele olha pra Liriope e se interessa por ela, e Liriope diz: "Eu não estou a fim, eu vi o que você despedaçou aí em outras tantas, e eu não te quero". Aí o Cefiso estupra a Liriope. Então, lição número um, Narciso nasce de um estupro. Não nasce de "me amei no espelho" etc., Narciso nasce de um ato de violência. Então aquele efeito dos deuses, aquela sabedoria, você vai ser amado enquanto não se conhecer, é o vaticínio que cai sobre ele. Ou seja, todo mundo vai gostar de você, mas você não vai poder saber quem você é, não se pergunte quem você é. Olha que lição interessante, né? Deixe-se amar, mas não se interesse demais por feedbacks. "Quem é você? O que estão amando em você?" Não faça essa pergunta, usufrua de um certo narcisismo de que só o outro o ama. E daí aparece Eco, que também tem uma história muito interessante, e começa a conversar com ele, e a maior parte do mito é um drama entre uma voz que não tem

> Deixe-se amar, mas não se interesse demais por feedbacks.

corpo, mas da qual ele escuta a reverberação, que é a Eco, e um corpo sem imagem, que é o dele. Tem um corpo, mas eu não posso ver esse corpo, se eu vejo esse corpo, eu me conheço e daí eu vou me danar. E esse impasse mostra que "opa, daí funciona bem". Como diz Montaigne, o casamento pode dar certo entre um cego e um surdo. Ou é ao contrário? A surda e o cego. A cega que não vê o sujeito pulando o muro e o surdo que não escuta o que a esposa diz. Ou seja, uma sabedoria de que há algo ali que não pode ser inteiramente compartilhado. Qual é o drama? Chega uma hora, ele ferra Eco, ela morre por causa disso e, como punição, "agora você vai se conhecer". Então, quando o pessoal vem com essa de "conhece-te a ti mesmo", eu lembro, conhece-te a ti mesmo é Narciso, não é só Sócrates. E daí ele vai se conhecer, vê a imagem do corpo e se apaixona. Mas ele não se apaixona por si mesmo, ele se apaixona pela imagem que corresponde ao corpo que foi subtraído por aquela voz em que ele estava interessado. Ou seja, o problema dele é não saber que aquele é ele. E como ele não sabe que aquele é ele, é devorado pela própria imagem. Um impasse sobre o que significa reconhecer.

ANA: E esse é o limite do "si mesmo". Quando Lacan coloca no estádio do espelho, é justamente a dimensão de uma certa autoridade na

reescrita do imaginário. Então é poder reconhecer que aquela imagem corresponde a mim, mas não sou eu.

CHRISTIAN: O limite do saber sobre si, a fronteira, que você falou, entre o eu e o outro, está tudo ali. É algo que me simboliza, né?

ANA: Sou, mas não tanto. Certo? Sou eu, tem a ver comigo, mas eu estou aqui ou estou ali? E tem alguma coisa disso que não se inscreve de maneira definitiva em nós, e que aparece com frequência nos filmes de terror. Sempre tem uma cena de um sujeito na frente do espelho, e aí o espelho mexe, ele não. Ele mexe, o espelho não mexe. Então a gente tem um estranhamento, a gente desconfia da gente mesmo, o eu é paranoico, né?

CHRISTIAN: É o Narciso com a voz, "tem uma voz aqui estranha".

ANA: Exatamente. Então essa desconexão que a gente tem, sempre em alguma medida, com quem a gente supõe ser com o nosso corpo. Ela pode nos perturbar se a gente ficar prestando atenção excessiva nisso. Então, não por acaso, quando Freud fala, em *Introdução ao narcisismo*,[15] que a gente precisa amar, senão a gente adoece, tem a ver com o fato de o quanto você precisa sair de si mesmo.

> Conhece-te a ti mesmo é Narciso, não é só Sócrates.

CHRISTIAN: Isso! Amar *mesmo*, não é esse negócio aqui. É *amar* – o que é que ele está chamando de amar?

ANA: É, então, poder sair desse fechamento, dessa prisão enlouquecedora que pode vir a ser o eu, para enlouquecer de uma maneira diferente, supondo que vai até o outro, encontrando algo de si no outro, oferecendo-se como suporte de algo que interessa o outro, ou coisas nesse sentido, e que se possa retornar e retornar. Acho que quando isso tem a possibilidade de ser uma certa brincadeira, há uma possibilidade de desfrutar disso.

CHRISTIAN: Do "como se", como falamos.

ANA: Exatamente, do "como se". Porque se o sujeito leva tudo muito a sério, é isso. Então, eu sou isso, eu sou assim, como as pessoas se apresentam muitas vezes quando estão procurando alguém, né? "Ah, eu sou assim, eu sou assado, eu sou aquilo", então parece que já vem com uma composição que está fechada, e eu preciso encontrar o outro que vai se encaixar com aquilo, e nós vamos, então, fazer coisas juntos, como se um e o outro não fossem virar outra coisa.

CHRISTIAN: Hum-hum. Eu estava pensando nessa tua lembrança do estádio do espelho... Nela dá para a gente desdobrar o problema do reconhecimento, e, assim, eu me descubro eu.

Quando eu reconheço que essa imagem que eu estou vendo no espelho, que pode ser o olhar do outro, é um símbolo, ou seja, me representa para um terceiro e a partir desse momento o eu é dois, o eu é outro, estamos eu, Narciso e Eco. Acho que esse é o problema. O mito do narcisismo é facilmente aprisionado pelo mito do indivíduo, e ele não é um indivíduo, é Narciso e Eco. Então Narciso e Eco formam uma estrutura dual, mas aí entra esse terceiro. Para quem? Para qual outro? Para qual outro, vamos dizer assim, simbólico? Para qual outro sem corpo? Para qual outro sem consistência? A falta de consistência é que vai levar a gente a voltar e dizer: "Não, pera aí! Esse outro é um eu". É um eu que agora é nós, e, agora duplicado em um mercado, eles, as pessoas, esses que me odeiam, os que me perseguem, os que me amam, a internet e todas essas outras figuras de degradação do outro, de apequenamento do grande outro.

ANA: Como é que você pensa em relação a isso quando Françoise Dolto coloca que todo filho é adotivo? E aponta esse filho ideal que não vem e com quem a gente vai se identificar de alguma maneira ao construir o narcisismo primário, achando que é mesmo o ideal do outro. E aí depois vai precisar se deparar com o fato de que não é. Eu acho que isso tem a ver com o que você estava falando de um desaparecimento.

CHRISTIAN: Isso tem a ver e tem também uma relação com o tal de onde vem a constância do não ser, a existência do não ser. Que vai ser fundamental para o sujeito se sustentar na vida, não ser, mas mesmo assim inexistindo. Uma época, e você lembrou bem, a Dolto vem com essa ideia de que a gente tem uma criança na história, e que ela é sempre muito mais do que qualquer criança real. Em relação a essa criança mítica da família, que viria para salvar todo mundo e tal, nós estamos sempre em déficit. Foi uma época que eu acho que a psicanálise teorizou muito desse não ser que existe a partir da figura da criança. Por exemplo, o Serge Leclaire tem um livro chamado *Mata-se uma criança*,[16] em que a análise caminha para você trucidar essa criança que um dia você foi no desejo narcísico dos pais. Salvo engano, Gérard Pommier, recentemente falecido, tem um texto que fala da criança magnífica. Ou seja, a psicanálise, de algum modo, precisa de um construto teórico que é de uma supercriança, uma criança que ocupa um lugar de grau zero do amor. Aquela que teria sido amada, aquela que teria sido.

ANA: Que foi amada "de verdade".

CHRISTIAN: E de verdade, isso. Nós só temos amores secundários.

ANA: É. Tem o livro de Annie Ernaux, *A outra filha*.[17]

CHRISTIAN: Ah, sim, esse eu não li. Como é que é?

ANA: É bom, incrível. Ela descobre que ela tem uma irmã que morreu antes de ela nascer, e que o assunto nunca foi abordado com ela. E aí ela vai escrevendo a respeito disso, e é como se esse elemento fosse compondo a ficção que ela tinha, então, de que a irmã é que tinha sido verdadeiramente amada. E como ela que é real, no sentido da realidade, ela que existe, como é que ela vai lidar com esse amor tão parcial, já que esse amor completo não chegou para ela, ficou dedicado à irmã morta. Voltando um pouco mais pro próprio Bentinho do Dom Casmurro, vale pensar também no amor que vem depois de um filho perdido, porque a mãe de Bentinho perdeu um filho, os pais perderam um filho, perderam um bebê antes dele nascer.

CHRISTIAN: Ah, eu não me lembrava desse detalhe.

ANA: E aí, quando ele nasce, a mãe faz uma promessa de que se esse filho "vingar", ela vai entregar para a igreja, ele vai ser padre. Então, ele entra no seminário pra cumprir a promessa da mãe.

CHRISTIAN: E daí ele rompe com o seminário por se apaixonar por Capitu. Olha que interessante isso.

ANA: E é Escobar quem sugere a estratégia para ele conseguir sair do seminário, porque

Bentinho estava apaixonado por Capitu. Então, Escobar diz "vamos fazer o seguinte: fala para a sua mãe pra ela adotar um seminarista, porque tinham posses, então eles pagam o estudo de alguém para libertar Bentinho".

CHRISTIAN: Um duplo. Olha só!

ANA: Então esse filho fica no lugar imaginário, ideal, e ele vai poder viver sua vida.

CHRISTIAN: Nossa, que interessante. Porque agora você está me fazendo pensar como esse filho vai mudando. As versões, o magnífico, o filho perdido, a criança que se mata... E a gente tem Elena Ferrante e *A filha perdida*.[18] Que, no fundo, são retomadas dessa ideia de que existe uma, seria uma fantasia epocal, não sei se da nossa época, de que esse outro existe mais do que eu. Eu sou um decalque, não é aquela relação de que ele é um fantasma, que vai pegar, ele volta dos mortos. Não! É que ela possui uma coisa que a mim está vedada, porque nasci e cresci, que é essa existência sem negatividade, sem desaparição, os mortos não podem morrer, o perdido não pode se perder novamente, pode?

ANA: E que essa fantasia do outro é que faz a gente poder confeccionar a nossa.

CHRISTIAN: Tá, você está sugerindo que isso tem a ver com o fato de filha, filho, ser um modelo mínimo de transmissão, certo? Ser um modelo

> Essa fantasia do outro é que faz a gente poder confeccionar a nossa.

mínimo de, vamos dizer, mutação narcísica, de prolongamento narcísico um para o outro. Como não fazer uma escuta narcísica? Porque, para muitos, e tenho falado com gente mais assim, experiente, que diz pra mim que a psicanálise acabou, e hoje em dia só se faz psicoterapia. Porque você tem que escutar, e tem o narcisismo infinito dos pacientes, e se cria uma hemorragia narcísica sem fim, e as demandas de reconhecimento, e legitimação de um lado, feedback no meio e validação do outro, e você fica nesse pântano... E análise, que é bom, aquela que a gente fazia lá atrás nos bons tempos... Estou brincando, claro, mas é que teve uma mudança na clínica que tem a ver com essa hipertrofia do narcisismo e o esquecimento, por exemplo, do sexo, do que nós vamos fazer com o amor que temos um pelo outro. E você acha que isso vem dos pacientes? Ou seja, eles mudaram primeiro, e a gente está se acomodando, ou isso vem também da nossa escuta? Responder demais aos impasses e aos sofrimentos, déficit de reconhecimento, inadequação, postura...

ANA: Lacan disse que a gente só fala de psicanálise enquanto psicanalisante. Então não existe isto: os analistas e os analisantes. E eu sinto que a psicanálise é uma das últimas coisas – talvez a única que eu conheça no mundo – que vai dizer que é possível trabalhar apostando em alguma coisa que não seja no narcisismo. E temos essa

dimensão da expressão analítica, de poder enterrar o defunto do ideal.

CHRISTIAN: Mas me refiro a como você age – e você deve ter passado por uma análise como umas das que eu passei – quando você dá a mão para o analista e ele não devolve a mão para você?

ANA: Não tem a mesma reciprocidade.

CHRISTIAN: Só falta cuspir na sua mão, né? Larga isso. Você dá bom-dia, ele não responde. Ou seja, são cortes violentos na reciprocidade, na simetria, você é uma pessoa como eu, então somos iguais. Então estamos no mesmo narcisismo, reconhecimento de mesmo plano. Daí você vai lá e fala uma coisa que, "escuta, o narcisismo não é gostar disso". Cartão amarelo: se fizer de novo, vou embora. E aí, como é que você lida com isso?

ANA: Engraçado, porque sinto que talvez seja por isso que os analistas têm fama de grosseiros – não que alguns não sejam. Tem quem seja. Mas eu entendo que isso que é entendido muitas vezes como frieza tem a ver, justamente, com arrogância. Com essa abstenção da reciprocidade, porque é essa abstenção que interessa na clínica, né? Abster-se do lugar de reciprocidade, de devolutiva, de social. Que é isso que se experiencia no amor de transferência. O amor de transferência é justamente isto: você vai do seu jeito, amando como sempre, e encontra com uma certa opacidade disso.

Pergunte e descobrirá algo importante sobre si

CHRISTIAN: "Mas você não respondeu o meu WhatsApp que eu mandei à noite, no domingo!" E aí? Não respondi! "Eu vou embora!" Como é que você aguenta isso? Antes, era diferente, precisava esperar pelo menos a próxima sessão para fazer aquela esganiçada narcísica. Agora há a questão da velocidade. "Você não respondeu, isso quer dizer que não me ama, que não está interessado" ou "respondeu numa voz e eu acho que não gostei desse tom, viu?".

ANA: A velocidade muda tudo. Eu acho que tem isso, mas, por outro lado, também acho que é tanta carência que quando o sujeito se depara com alguém que pode sustentar e não entrar nesse circuito de miséria, de ficar dando pro outro aquilo que ele nem chegou a pedir, porque você precisa antecipar qualquer demanda, isso gera alguma coisa. E não por acaso, a psicanálise parece que segue vivíssima, né?

CHRISTIAN: Pois é, é curioso. Creio que seja uma outra estilística. A escuta é a mesma, mas a estilística é um pouquinho diferente. A complacência que se deve ter hoje, a paciência com o entendimento de que são outros narcisismos...

ANA: Sim! É muito diferente mesmo. Estou pensando, assim, não entra nem no aspecto da clínica. Vamos pensar em um lançamento do livro, quando a gente vai escrever a dedicatória no livro das pessoas, situação em que temos um tempo muito curto para falar com cada um e como é que faz para num tempo muito curto não virar uma máquina e ficar repetindo. É chato pra você, é chato pro outro, enfim, né? Então uma coisa que com alguma frequência eu pergunto pras pessoas, quando elas chegam e me dizem como se chamam, é de onde veio o nome delas. E aí tem uma diferença geracional, eu vou fazer uma pesquisa sobre isso ainda, gente. Que é o fato de que se a pessoa tem mais de trinta anos, olhando assim de cara, provavelmente ela vai me responder ou de onde vem o nome, ou vai falar o significado do nome. "Ahhh, não tem significado, meu pai que leu num livro", mas daí conta o significado, né? Enfim. Em geral as pessoas mais jovens me olham com cara de: "Que pergunta é essa, sua louca?". Porque elas nunca perguntaram, não sabem. Elas olham pra mim com uma cara de: "Hum? Sei lá!". Você nunca perguntou? Você nunca perguntou de onde vem seu nome? "Não!" E aí eu sugiro: "Então pergunta". Pergunta, você vai descobrir uma coisa importante sobre você. Vai lá e investiga alguma coisa. Com alguma frequência, depois, tenho notícias muito interessantes dessas pessoas!

CHRISTIAN: Engraçado, a gente está falando do narcisismo, e o primeiro ato de reconhecimento é "você tem esse nome". Nesse ato, a gente transmite um desejo, geralmente, um desejo arqueológico, né? Mesmo que você não saiba. Então a gente, enfim, aprendeu a prestar muita atenção no nome, nas constelações – uso essa palavra, mas não precisa colocar em negrito nem em itálico. Há uma história por trás de um nome. Mas justamente o nome desse ser que está tão orientado para si, que é o núcleo ou a primeira coisa que aconteceu na sua vida, você saiu da barriga e ganhou um nome, a pessoa não tem esse interesse, né?

ANA: E é muito engraçada a cara de surpresa assim: "Pô, que pergunta é essa?". Por que você está perguntando isso? Porque não foi uma, duas, três, dez, foram muitas vezes.

CHRISTIAN: É, eu acho que eu confirmo isso aí. Porque, pra mim, eu falei: "Como é que eu vou resolver isso?". Eu gosto muito dos surrealistas. Porque, primeiro, eles têm uma afinidade com a psicanálise, e é uma psicanálise que não veio tanto assim da medicina, mas da arte na França. Eles inventaram esse sucedâneo da associação livre que é a escrita automática. Então você pega dois papéis dentro de um chapéu e vai de um ponto pro outro, associa livremente e cria poemas e tal. Quando vou fazer os autógrafos, preciso de uma

fisga. Preciso que a pessoa me diga alguma coisa, porque senão começo a repetir a fórmula vazia e tal, e daí eu preciso fazer a pessoa falar algo. Minha pergunta de fisga é: "De onde você vem?". Você já faz a pergunta "Qual é o seu nome", né?

ANA: Que é isso, *de onde você vem*!

CHRISTIAN: E então a pessoa responde que vem do Brás, da Mooca, do Bom Retiro. O outro diz: eu venho da psicologia, eu venho da psicanálise. Outros dizem que não são daqui, que vêm da engenharia ou do direito. Alguns respondem que são descendentes de franceses ou são da Argentina. Então é muito interessante esse ponto de partida pois o sujeito se apresenta a partir do movimento de onde ele se inscreve. Tem que ter uma novidade, um riso, às vezes uma... isso que eu ia falar dessa tua observação, que, para mim, jamais remeteria à falta de interesse, mas uma coisa que eu vejo entre as gerações Z e os Millennials, que é o senso de intrusão muito aguçado, um senso de falar uma coisa que pode não ser legal. Muito cuidado, muito cuidado com isso. Expor o outro. Fazer, por exemplo, uma pergunta como essa pode expor o outro, que pode não querer falar disso, por exemplo, vir de uma comunidade carente. Pode ser que do outro lado você encontre alguém que anda de ônibus. Ele pode ter o nome do ex-namorado da mãe, pode ser uma coisa constrangedora. Então você não

faz essa pergunta. E eu vejo, assim, um processo curioso com as novas formas de subjetivação, que é por um lado um avanço da exposição de si, uma liberalização de costumes e experiências com o corpo, por exemplo, a prática de mandar nudes. Por outro lado, há um terrorismo que espreita os discursos, por meio de termos explosivos e de forças imaginárias de desconforto ao outro. Como se ele não pudesse dizer: pisou no meu pé, peço desculpas e vamos em frente.

ANA: Uma inibição? Será?

CHRISTIAN: É uma inibição ou, por exemplo, a vida inteira fazia prova e chegava a hora da entrega da prova. Como era a entrega da prova? Eduardo, 10; Tadeu, 8; Zequinha, 13; Chris, 2... ah, de novo tirou nota ruim. Cheguei e fui fazer isso na faculdade e "Professor, como? Para, para", o representante de classe se levantou e falou: "Isto é uma situação de humilhação".

ANA: Humilhação?

CHRISTIAN: De humilhação. Daí, eu entendi, porque um vai ver que o outro tirou a nota maior e que o outro tirou a nota menor. Você fala: "Putz".

ANA: Que a diferença não pode aparecer, né?

CHRISTIAN: E isso entra nesse grupo de coisas que é o expor o outro. Por exemplo – algo que vejo

no consultório, nas pessoas que acompanham aqui, meu filho dá aula particular, então eu vejo muitos adolescentes –, tornar algo uma crise. Você estava namorando fulano, daí vocês desmancham. E você quer namorar sicrano. Ok, vai ser uma situação delicada. Não! Hoje você tem que pedir permissão pra fulano. Sicrano tem que pedir permissão ostensiva pra fulano. "Amigo, eu vim aqui, olha, quero saber se eu posso namorar Ana." Veja bem, pera aí. Você não quer ofender o seu amigo, é uma situação delicada. Mas tem um *code* de como você pode ficar com aquele de quem sua amiga gostava? Não, como assim? Mas ele está dando em cima de você, ele nunca teve nada com a sua amiga. "Ah, mas a minha amiga gostava dele, e eu preciso pedir autorização para fazer isso." Por que eu estou querendo consultá-la, madame Suy? Tem ao mesmo tempo uma falta de parâmetro, vamos dizer assim, de reconhecimento, violência, polarização etc. E um excesso de moralidade. As duas coisas funcionam um pouco em sincronia, né?

ANA: Eu acho que cai nesse excesso de feedback. Dê o feedback aqui. Eu posso ficar com fulana?

CHRISTIAN: Isso, isso.

ANA: Você me autoriza?

CHRISTIAN: No divã, eu comecei a falar, quando começou a vir mais isso: "Mas qual é o problema

de ela estar namorando? Você se casou. Ela está namorando um antigo amigo seu, por quê?". "E se ele for melhor que eu na cama?" Nossa, pode acontecer, né, amigo? Mas daí eles vão saber, e eu não vou saber. Uma coisa sobre mim. Como é que pode acontecer que eu seja menos legal que ele na cama e só eles dois vão saber? E só eles dois vão partilhar desse saber do qual eu estou excluído?

ANA: Enlouquecedor, né? E por que disse enlouquecedor? É porque, assim, aquilo não tem a ver com o sujeito, mas com o casal que se formou, não envolve ele. Mas o ciumento toma como assunto dele.

CHRISTIAN: A gente sempre viu figuras assim. Mais e mais montagens em torno dos ciúmes. É como se a gente tivesse instituído, formalizado certas regras que concernem aos ciúmes: ou barbariza ou torna isso um *dress code*, um sistema ritual, um sistema em que obviamente você está incorrendo numa imperícia se não segui-lo.

* * *

CHRISTIAN: Outra questão que me parece importante e sobre a qual eu queria te consultar é assim...

ANA: Me consultar!

CHRISTIAN: É o declínio da palavra oral. De como, e pensando também nesse universo, as pessoas fazem de tudo para não ter que responder oralmente. "Pai, você está me ligando. Como você está me ligando? Pode ser que eu não queira falar com você agora, manda um WhatsApp, escreve. Daí eu, na hora que eu quiser, na hora que eu puder e tal, eu respondo." Você sente isso também?

ANA: Sim, e estou escutando você e pensando que tem a ver com isso que você estava falando do amor-próprio, o indivíduo enquanto propriedade, e talvez esse excesso de *dress code* seja um tanto quanto...

CHRISTIAN: De fronteiras, né?

ANA: É. De "olha como eu estou te respeitando". Eu preciso falar tanto pro outro que eu estou respeitando? Talvez não esteja tanto assim, né?

CHRISTIAN: Pois é, que é uma das características dos sentimentos sociais que Ronald Dworkin justamente tematiza quando fala da luta por reconhecimento. Ele diz: Quanto mais luta por reconhecimento, quanto mais instáveis os padrões de reconhecimento, mais as pessoas se sentem genericamente ofendidas. Tem uma ofensa existencial em curso.

ANA: É. Talvez essa questão da dificuldade da palavra falada tenha a ver com algo disso, porque

quando você escreve, pode editar, né? Vai e volta tudo. E não por acaso a associação livre se dá pela fala, que é justamente por causa dessa impossibilidade de edição da fala. Pelo menos ali, naquele momento, o que vale é o que foi dito. E quando a gente fala, a gente se complica.

CHRISTIAN: Pelo tempo real. Mas, por outro lado, quando a gente fala, a gente tem um curioso mecanismo de esquecimento.

ANA: De não escutar aquilo que fala?

CHRISTIAN: Não. Aquilo que a gente falou há quinze minutos está presente aqui na conversa, mas está presente num modo de desaparição. Provavelmente teve momentos de desencontro, momentos em que a gente se bateu na quina. Quando isso acontece na fala, vai se resolvendo pela continuidade do assunto. Na escrita, eles ficam lá. "Ah, olha aqui! Você usou essa palavra." Ou seja, a inclinação para se sentir ofendido e o ressentimento são duas patologias sociais emergentes, e duas patologias sociais ligadas ao quê? Ao déficit de reconhecimento. Você, naquela hora, não me reconheceu como eu queria, e, naquela hora, eu não respondi. Então eu saio de cena e fico ressentindo aquela cena. Fico preso nela sem conseguir reconhecer que naquele primeiro momento eu devia ter respondido de um jeito diferente. A cena oral, tempo real, ou

responde ou perdeu, deu errado, e a cena em que você controla o tempo é a cena da escrita. "Ah, se ele me disser isso, eu vou falar aquilo agora, aquilo outro. Agora eu falei aquilo." Não, de novo, não! E daí você vai lá e fala pra pessoa: "Não vou falar, não. Eu vou ficar aqui escrevendo e rabiscando em cima do que o outro me disse, porque naquela hora eu não reagi".

ANA: E tem essa lógica da ofensa, talvez fruto desse déficit de reconhecimento mesmo, que, por um lado, faz o sujeito não se sentir existente; por outro lado, tudo tem a ver com ele. Porque eu me ofendo, então estava falando de mim, não respeitou a minha história. Uma história que você nem tinha como saber, mas, enfim, que tem a ver comigo. Então é um narcisismo que, em tese, está fragilizado e faz parecer que então não existe, e é o contrário. Na verdade, ele está muito inflado. Tantas vezes para eu achar que tanta coisa me envolve.

CHRISTIAN: Lacan tem uma observação interessante sobre isso: diz que aqueles que parecem ter um narcisismo frágil, na verdade, têm um narcisismo excessivamente forte. Que é uma síntese do que falamos aqui sobre as existências superficiais, egológicas e suas formas de indivíduos, né?

ANA: Sim!

CHRISTIAN: Olha, preciso confessar uma coisa: eu detesto áudio. Eu acho que é o fim da picada,

o pior dos dois mundos. Porque o outro está no tempo que escolheu para si, que é o tempo da oralidade. Então ele não está pensando para escrever, está falando bobagem, faz regressão, coloca a demanda dele do jeito que bem entende, mas nesse processo submete você a receber aquilo e, portanto, não responder em tempo real ao que está falando – ele está em tempo real, mas você não. E escutar, não só a mensagem, mas a voz – e aí acredito que temos um elemento pulsional adicional –, e tem gente que gosta, mas tem gente que vai dizer "Quem falou que era pra pôr a voz aqui? Quem autorizou você a entrar com a sua voz?". Nessa lógica da fronteira, da fronteira em permanente discussão, o áudio é um risco e, por fim, você vai ter de responder em áudio ou responder em texto. Mas eu estou dando aula, atendendo, quando é que eu vou, *cazzo*, ouvir a porra de um áudio? E aí mandam outro áudio e nesse dizem: "Você não escutou meu áudio?", e você fala: "Não! São três minutos aqui pra escutar a sua mensagem, eu só tenho dois porque tem outro paciente esperando, tem outra aula. Como é que eu vou fazer pra lidar com a sua mensagem?".

ANA: Você acelera.

CHRISTIAN: Você acelera... Como é que você lida com isso?

ANA: Eu vejo o áudio como uma coisa muito íntima.

CHRISTIAN: Muito íntima! Olha lá. Mais íntimo, só ligando.

ANA: Nossa senhora, sim! Então, penso que tem essa coisa da voz, que é uma intimidade mesmo. Mas o áudio tem uma questão que, para mim, é ainda mais próximo da escrita do que da fala: ele é editável, no sentido de que você pode apagá-lo. Na escuta, não tem como você apagar em tempo real; agora, quando eu transformo isso numa mensagem, você está no ato, falando, e, no meio do processo, pensa *hum, acho que não caiu bem*, desiste e simplesmente não manda. Pronto, você não tem que se haver com o outro, dele já ter ouvido algo que não era muito bem isso. Então, é editável nesse sentido, de você poder apagar, poder refazer.

CHRISTIAN: É verdade. Tem borracha.

ANA: Tem borracha. Então, tem isso, de entrarmos justamente nessa coisa da aceleração, que o que fazemos, de fato, é acelerar – não somente um áudio de WhatsApp, mas tantas e tantas coisas que aceleramos, e que têm a ver, penso eu, com uma certa desimportância que vamos dando à forma, como se apenas conteúdo, por si só, fosse o que há de mais importante. Assim, eu assisto a doze minutos de YouTube, mas faço

virar seis, e penso: *absorvi a mesma coisa, só que eu economizei tempo.*

CHRISTIAN: Acelerei.

ANA: É, acelerei.

CHRISTIAN: Nossa, Ana, eu acho isso uma loucura, realmente.

ANA: E aí eu economizei tempo. Então a gente se sente ganhando alguma coisa, porque você absorveu. Veja, é um engrandecimento narcísico você achar que pode ir acompanhando, num tempo mais curto, aquilo que o outro levou mais tempo pra dizer... Enfim.

CHRISTIAN: É. E veja um ótimo exemplo pra gente fazer o contraste com, assim... narcisismo é uma coisa, o que está acontecendo com as novas gerações é menos sexo. Experimenta aplicar a lógica da aceleração ao sexo. "Vamos, mais rápido...", "Foi ótimo, né? Porque foi bem rápido". *Cazzo*, deu errado e muito errado. Essa posição terceira, que está para além do reconhecimento, do que não pode ser reconhecido e precisa ter mais espaço.

ANA: Eu gosto muito, de novo fazendo a referência a *O mal-estar na cultura*, que Freud faz uma nota de rodapé em que diz que parece que a humanidade está em involução. Que tal como nossos

dentes, cada vez mais a gente tem menos o sexo, a gente faria cada vez menos. Freud fala isso.

CHRISTIAN: Freud fala isso?

ANA: Fala, sim.

CHRISTIAN: Não me lembrava.

ANA: E continua: se a gente tivesse outra opção para se reproduzir, abriríamos mão do sexo.

CHRISTIAN: É em *O mal-estar na cultura* ou em *Além do princípio do prazer*?

ANA: Eu acho que é em *O mal-estar na cultura*...

NOTAS

PARTE UM
O QUE SIGNIFICA EXISTIR?

1 Referência a paradigmas propostos por Jacques Lacan. Para o psicanalista francês, "a mulher" e "o homem" não existem como essências universais, apenas como construções simbólicas e singulares no discurso e no desejo.

2 Referência ao pequeno outro e ao grande outro, conceitos da psicanálise lacaniana. O pequeno outro é um semelhante com quem competimos por reconhecimento, enquanto o grande outro é a estrutura simbólica que determina o sujeito: a linguagem, a cultura e o inconsciente.

3 FREUD, S. Escritores criativos e devaneios. *In: Edição standard brasileira das obras completas de Sigmund Freud.* v. 9. Rio de Janeiro: Imago Editora, 2006.

4 Referência à provocação lacaniana "A relação sexual não existe", que diz que ela não pode existir dado que a satisfação sexual jamais é inteiramente atingida.

PARTE DOIS
O OUTRO QUE NÃO É A GENTE

1. O "objeto a", em Lacan, é a falta estruturante do desejo, aquilo que nunca se alcança totalmente. Funciona como causa do desejo e motor da subjetividade, sustentando a busca pelo que nos completa.

2. *Antifrágil* é um livro do filósofo e economista Nassim Nicholas Taleb, que explora a ideia de que certos sistemas e entidades não apenas resistem ao estresse e à adversidade, mas se fortalecem com eles. Taleb introduz o conceito de "antifragilidade", contrastando-o com a fragilidade, no qual algo frágil quebra sob pressão. O livro aborda como aproveitar a incerteza e o caos para criar sistemas, vida e ideias mais robustos.

3. Referência a "Ciranda, cirandinha", cantiga de roda do folclore brasileiro.

4. "*The art of losing*" [A arte de perder] é um poema de Elizabeth Bishop que reflete sobre a inevitabilidade das perdas na vida. Por meio de uma série de exemplos, a autora mostra como as perdas, grandes ou pequenas, fazem parte da experiência humana. A ideia central é que, embora a perda seja dolorosa, há uma forma de lidar com ela, até mesmo de aceitá-la, como uma habilidade ou arte que podemos aprender a dominar.

5. Referência à canção "Love is like oxygen", da banda de rock britânica Sweet. No original: "Love is like oxygen/ You get too much, you get too high/ Not enough and you're gonna die".

6. *A paixão segundo G.H.* é um romance de Clarice Lispector que narra a jornada interior da personagem G.H., que, ao esmagar uma barata, confronta

o vazio, o indizível e a perda do eu, num mergulho existencial e metafísico.

7   Referência à música "Cajuína", de Caetano Veloso.

8   Em Lacan, "ex-sistência" indica o que está fora da consistência do simbólico, remetendo ao real. Relaciona-se ao que escapa à representação, sustentando a estrutura do sujeito e do desejo.

9   *A Origem* é um thriller de ficção científica sobre um ladrão que invade sonhos para plantar ideias. Escrito e dirigido por Christopher Nolan, o filme explora memória e realidade.

10 Referência a personagens do desenho animado *Scooby-Doo* e à revelação que acontece no fim de todos os episódios, quando os vilões são literalmente desmascarados e suas verdadeiras identidades reveladas, mostrando ser algum personagem já conhecido do episódio.

11 *Divertida Mente* é uma animação que mostra o funcionamento das emoções de uma menina lidando com mudanças. Dirigido por Pete Docter, o filme mistura humor e sensibilidade em busca de explorar o processo de descoberta de cada um.

PARTE TRÊS
O OLHAR DO OUTRO

1   DUNKER, C.; IANNINI, G. *Ciência pouca é bobagem*: por que psicanálise não é pseudociência. São Paulo: Ubu, 2023.

2   LACAN, J. *O Seminário, livro II*: os quatro conceitos fundamentais da psicanálise. Rio de Janeiro: Zahar, 1985.

3 Referência ao filme de ficção científica *Matrix*, que explora uma realidade simulada na qual humanos vivem inconscientes, controlados por máquinas. Neo, o protagonista, descobre ser "o escolhido" para libertar a humanidade. O agente Smith, vilão icônico, simboliza o sistema opressor e a resistência à mudança.

4 ŽIŽEK, S. Matrix ou os dois lados da perversão. *In: Lacrimae rerum*: ensaios sobre cinema moderno. São Paulo: Boitempo, 2018.

5 O DSM (*Manual Diagnóstico e Estatístico de Transtornos Mentais*) é um guia da Associação Americana de Psiquiatria usado globalmente para diagnosticar transtornos mentais. Atualizado periodicamente, classifica sintomas e critérios, mas é alvo de críticas por medicalização e rigidez diagnóstica.

6 DUNKER, C. *Reinvenção da intimidade*: políticas do sofrimento cotidiano. São Paulo: Ubu, 2017.

7 FREUD, S. *História do movimento psicanalítico*. Rio de Janeiro: Imago, 1997.

PARTE QUATRO
DESCOBRIR-SE NA RELAÇÃO COM O OUTRO

1 *Madame Bovary*, de Gustave Flaubert, é um clássico literário do realismo que narra a vida de Emma Bovary, uma mulher entediada com o casamento e a rotina provinciana. Em busca de paixão e luxo, envolve-se em romances e dívidas, o que leva a um desfecho trágico. O livro critica o romantismo e as ilusões sociais.

2   *Dom Casmurro*, livro de Machado de Assis, é narrado por Bentinho, que conta sua história de amor com Capitu e suas suspeitas sobre a fidelidade dela. O romance explora ciúmes, insegurança e a dúvida sobre a verdade.

3   Referência ao mandamento bíblico "Ame o seu próximo como a si mesmo" (Mateus 22:39).

4   Referência ao desenho animado *Lippy e Hardy*, que tinha como protagonistas, respectivamente, um leão e uma hiena antropomorfizados. Hardy é pessimista e constantemente proferia seu bordão "Oh, céus, oh, vida...".

5   Personagem criada pelo cartunista argentino Quino, Mafalda é uma menina curiosa que reflete sobre as contradições da humanidade.

6   FREUD, S. Sobre o narcisismo: uma introdução. *In*: FREUD, S. *Edição standard brasileira das obras psicológicas completas de Sigmund Freud*. Rio de Janeiro: Imago, 1996.

7   FREUD, S. *Obras completas volume 12*: introdução ao narcisismo, ensaios de metapsicologia e outros textos. São Paulo: Companhia das Letras, 2010.

8   Em *Luto e melancolia*, Freud analisa o processo de perda. No luto, há uma dor temporária com aceitação gradual. Na melancolia, a perda é internalizada, gerando autocrítica e culpa. Ele explora as dinâmicas inconscientes desses estados, destacando o impacto no ego e nas relações afetivas.

9   Em *Psicologia das massas e análise do eu*, Freud explora como indivíduos em grupo perdem autonomia e agem guiados pelo inconsciente coletivo. Examina laços emocionais com líderes e membros,

destacando identificação e libido como forças que moldam a dinâmica e a coesão das massas.

10 Em *O mal-estar na cultura*, Freud analisa os conflitos entre o desejo humano e as restrições sociais. Ele argumenta que, embora a civilização traga progresso, também gera insatisfação, repressão e sofrimento, pois os impulsos instintivos são constantemente reprimidos para manter a ordem social.

11 Referência à citação de Lacan: "Eu te amo, mas, porque inexplicavelmente amo em ti algo mais do que tu – o objeto a minúsculo, eu te mutilo". LACAN, J. *O Seminário, livro 11*: os quatro conceitos fundamentais da psicanálise. Rio de Janeiro: Jorge Zahar, 1985.

12 FREUD, S. O mal-estar na cultura. *In: O mal-estar na cultura e outros escritos*. Belo Horizonte: Autêntica, 2020.

13 Buzz Lightyear é um heroico patrulheiro espacial da série de filmes *Toy Story*, famoso por sua bravura, sua jornada de autodescoberta e a frase icônica "Ao infinito e além!".

14 Referência ao programa de televisão *Escolinha do Professor Raimundo*. Nela, ao fim de todos os episódios, o protagonista, o Professor Raimundo, após a aula com uma turma de alunos desvairados, proferia seu clássico bordão, acompanhado de um gesto de pinça com os dedos polegar e indicador: "E o salário, ó".

15 FREUD, S. *Obras completas volume 12*: introdução ao narcisismo, ensaios de metapsicologia e outros textos. São Paulo: Companhia das Letras, 2010.

16 *On tue un enfant*, de Serge Leclaire, publicado originalmente na França em 1975.

17 ERNAUX, A. *A outra filha*. São Paulo: Fósforo, 2023.

18 FERRANTE, E. *A filha perdida*. Rio de Janeiro: Intrínseca, 2016.

GLOSSÁRIO

Arawetés: grupo indígena da Amazônia brasileira, pertencente à família linguística Tupi. Tradicionalmente, vivem em aldeias ao longo dos rios e praticam uma economia de subsistência baseada na caça, pesca e cultivo. Sua cultura é rica em mitos e rituais, com destaque para o culto aos antepassados.

Complexo de Édipo: conceito desenvolvido por Sigmund Freud que descreve os sentimentos de desejo e rivalidade que a criança experimenta em relação aos pais. Durante esse processo, a criança deseja o genitor do sexo oposto e vê o do mesmo sexo como rival, o que é fundamental para o desenvolvimento da identidade e das relações futuras.

Complexo de intrusão: refere-se, em Lacan, à experiência do bebê ao se confrontar com o outro, especialmente com irmãos. É marcado pela rivalidade e pelo reconhecimento da alteridade, fundamentais na formação do eu. Esse processo

ilustra a tensão entre identidade e diferença desde a infância.

Douta ignorância: conceito de Nicolau de Cusa, reconhece os limites do conhecimento humano frente ao infinito. Saber que não se sabe é o ponto de partida para buscar a verdade. É uma ignorância iluminada, na qual humildade e reflexão ampliam a compreensão do mundo e do divino.

Efeito Dunning-Kruger: fenômeno psicológico em que pessoas com baixa habilidade em uma área superestimam seu conhecimento, enquanto as mais experientes tendem a subestimá-lo. Isso ocorre pela falta de autocrítica e pela dificuldade de reconhecer a própria incompetência.

Estádio do espelho: conceito do psicanalista Jacques Lacan que diz que nossa identidade se forma no reflexo e no olhar do outro.

Esplendor narcísico: conceito que explora o brilho e a segurança que sentimos ao nos vermos refletidos e admirados pelos outros. Relacionado ao mito de Narciso, ele destaca o desejo de reconhecimento e validação, algo que fortalece a identidade, mas também pode gerar ilusões e dependência da aprovação externa.

Genos: refere-se, na filosofia grega, a uma categoria ou grupo compartilhando uma essência comum, como espécie ou gênero. Na biologia

moderna, genos é base para classificação taxonômica, indicando relações evolutivas entre organismos. Representa unidade dentro da diversidade.

Manque à être (ser em falta): conceito de Jacques Lacan que expressa a incompletude estrutural do sujeito. É a falta que o impulsiona a desejar, pois nunca há plenitude no ser, apenas uma busca contínua mediada pela linguagem e pelo simbólico.

Mimeses: conceito filosófico que tem como princípio o fato de que a arte deve ser um reflexo da realidade; uma imitação verossímil.

Mito de Narciso: história clássica da mitologia grega que narra a história de Narciso, jovem de beleza formidável que, um dia, ao ver seu reflexo na água do rio, apaixona-se por si mesmo e, sem conseguir se afastar da própria imagem, definha até morrer.

Narcisismo: conceito psicanalítico que se refere ao amor e à admiração excessiva por si mesmo. Freud introduziu o termo para descrever uma fase do desenvolvimento em que o indivíduo investe sua energia libidinal em si próprio. O narcisismo também pode se manifestar em relações interpessoais, onde o desejo de reconhecimento e a busca por validação são predominantes.

Ontologia: ramo da filosofia que estuda a natureza do ser, da existência e da realidade. Ela

investiga questões sobre o que existe, como as entidades se relacionam e quais são as categorias fundamentais que estruturam o mundo, buscando compreender a essência das coisas.

Posição fálica: conceito desenvolvido por Melanie Klein, referindo-se a uma fase do desenvolvimento psíquico infantil em que a criança começa a identificar-se com os genitais e a perceber as diferenças entre os sexos. Essa posição envolve sentimentos de poder, inveja e, muitas vezes, ansiedade, fundamentais na formação da identidade e das relações interpessoais.

Pulsão de vida (Eros) e pulsão de morte (Thanatos): conceitos desenvolvidos por Freud, dentro da teoria das pulsões, para explicar forças fundamentais no comportamento humano. A pulsão de vida impulsiona o ser humano a criar, conservar e buscar prazer, enquanto a pulsão de morte está relacionada ao impulso destrutivo, ao retorno ao inorgânico e à autossabotagem.

Stultifera Navis (O Navio dos Loucos): obra de 1494, do humanista alemão Sebastian Brant, que satiriza a insensatez humana ao retratar um navio cheio de loucos à deriva, com seus ocupantes não se importando com para onde estão indo. O artista brabantino Hieronymus Bosch (1450-1516) tem uma pintura de mesmo nome. Já o conceito do Louco Errante refere-se à figura do louco

como alguém marginalizado, em constante deslocamento, simbolizando exclusão social e perda de identidade.

Theatrum Mundi (Teatro do Mundo): metáfora clássica que compara a vida humana a uma peça teatral, na qual cada pessoa desempenha um papel específico. Popular em obras renascentistas, o conceito reflete a ideia de que o mundo é um palco e que nossos comportamentos são, em parte, representações sociais.

Torre de Babel: narrada na Bíblia, simboliza a tentativa humana de alcançar o divino por meio da união e ambição desmedidas. Deus confunde as línguas dos construtores, gerando a diversidade linguística e cultural e marcando os limites da comunicação e do poder humano.

NOMES CITADOS

Annie Ernaux (1940-): escritora francesa conhecida por sua obra autobiográfica e por explorar a memória pessoal e coletiva. Seus livros mesclam experiência íntima e contexto social, abordando temas como identidade, sexualidade e as transformações da sociedade francesa. Vencedora do Prêmio Nobel em 2022.

Arthur Rimbaud (1854-1891): poeta francês cuja obra influenciou profundamente a literatura moderna. Conhecido por sua escrita ousada e visionária, Rimbaud explorou temas de rebeldia e liberdade, rompendo com as normas literárias de sua época.

Bento Prado Júnior (1937-2007): filósofo brasileiro que aprofundou temas como subjetividade, linguagem e ética, dialogando com René Descartes, Henri Bergson e Maurice Merleau-Ponty. Crítico do positivismo, explorou a relação entre filosofia e psicanálise, destacando a experiência do outro na constituição do sujeito.

Clarice Lispector (1920-1977): escritora brasileira, considerada uma das maiores autoras do século 20. Sua obra, marcada por uma escrita introspectiva e poética, explora os labirintos da mente e da alma humana. Seus personagens frequentemente enfrentam dilemas existenciais e buscam compreender sua identidade e o significado da vida. Clarice é conhecida por sua inovação na forma literária, transcendendo as convenções do romance e da narrativa psicológica.

Donald Winnicott (1896-1971): psicanalista e pediatra britânico que estudou a importância das relações iniciais para o desenvolvimento emocional. Ele cunhou termos como "mãe suficientemente boa" e "espaço transicional", mostrando como o vínculo com a mãe ajuda a criança a construir um senso de si mesma.

Elena Ferrante: pseudônimo de uma escritora italiana, famosa pela Tetralogia Napolitana, cujo primeiro livro, *A amiga genial*, explora a amizade entre duas mulheres em Nápoles, na Itália. Suas obras abordam temas como identidade, desigualdade de gênero e as complexidades das relações humanas.

Françoise Dolto (1908-1988): psicanalista francesa pioneira na psicanálise infantil. Destacou a importância do reconhecimento da criança como sujeito, defendendo o papel do discurso no desenvolvimento

psíquico. Suas obras, como *A criança e o corpo*, influenciaram a educação e a psicanálise moderna.

Friedrich Nietzsche (1844–1900): filósofo alemão cujas ideias sobre a moralidade, a religião e a existência influenciaram profundamente a filosofia moderna. Conhecido por conceitos como o Übermensch (super-homem ou além-do-homem) e a "vontade de poder", Nietzsche desafiou as normas tradicionais e propôs a superação dos valores convencionais, defendendo uma vida autêntica e a criação individual de significados.

Gérard Pommier (1941-2023): psicanalista francês, discípulo de Lacan, conhecido por suas contribuições à psicanálise contemporânea, especialmente no campo da clínica psicanalítica e das questões sobre a subjetividade. Sua obra aborda a função do desejo, a linguagem e a dinâmica do inconsciente na formação do sujeito.

Içami Tiba (1941-2015): psiquiatra, educador e escritor brasileiro. Autor de *Quem ama, educa!*, destacou-se por suas ideias sobre disciplina, limites e formação ética de crianças e jovens. Defendia a educação baseada no diálogo e respeito, influenciando famílias e escolas no Brasil.

Jacques Lacan (1901–1981): psicanalista francês que revolucionou a psicanálise ao explorar o inconsciente como uma linguagem. Sua obra influenciou

diversas áreas, como filosofia e cultura, redefinindo conceitos de desejo e subjetividade.

Jacques-Alain Miller (1944-): psicanalista, filósofo e genro de Jacques Lacan. Reconhecido por estruturar, editar e divulgar os *Seminários de Lacan*, Miller é uma figura central no campo da psicanálise lacaniana, contribuindo para seu ensino e expansão global.

Jean-Jacques Rousseau (1712-1778): filósofo iluminista francês, conhecido por suas ideias sobre liberdade, natureza humana e sociedade. Em *O contrato social*, defendeu a soberania popular e a ideia de que o homem é bom por natureza, mas corrompido pela civilização e pela propriedade privada.

Melanie Klein (1882-1960): psicanalista austríaca pioneira na análise infantil. Ela desenvolveu conceitos como "posição esquizoparanoide" e "posição depressiva", que exploram as fases iniciais do desenvolvimento psíquico. A garrafa de Klein é uma superfície sem interior ou exterior definidos, usada como metáfora para processos inconscientes complexos.

Michel de Montaigne (1533-1592): filósofo e escritor francês, pioneiro no gênero ensaio. Em *Ensaios*, explorou temas como moral, autoconhecimento e a natureza humana, valorizando a dúvida e a experiência pessoal. Montaigne defendeu

o ceticismo e a tolerância, influenciando profundamente o pensamento moderno.

Nancy Fraser (1947-): filósofa e teórica feminista dos Estados Unidos, conhecida por seu trabalho em justiça social. Ela critica o neoliberalismo e propõe uma justiça que combine redistribuição econômica e reconhecimento cultural. Sua teoria da "justiça tridimensional" aborda igualdade, identidade e representação política.

Ovídio (43 a.C.-17 d.C.): poeta romano famoso por obras como *Metamorfoses*, um épico mitológico que influenciou a literatura ocidental, e *A arte de amar*, um guia poético sobre amor e sedução. Sua abordagem inovadora e polêmica o levou ao exílio, mas consolidou seu legado literário.

René Descartes (1596-1650): filósofo francês conhecido como o pai da filosofia moderna. Seu pensamento é centrado na dúvida metódica expressa no famoso "Cogito, ergo sum" [Penso, logo existo]. Descartes estabeleceu a separação entre mente e corpo, influenciando profundamente a epistemologia e a metafísica.

Ronald Dworkin (1931-2013): filósofo e jurista americano, conhecido por sua teoria do direito como integridade. Ele defendeu que a justiça exige interpretar leis com base em princípios morais, não apenas regras. Suas obras, como

O império do direito, influenciaram profundamente o pensamento jurídico.

Sándor Ferenczi (1873-1933): psicanalista húngaro, próximo de Freud, conhecido por suas inovações na técnica analítica. Defendeu maior empatia do analista e explorou traumas infantis. Em *Confusão de línguas*, destacou o impacto do abuso na psique, influenciando a psicanálise moderna.

Serge Leclaire (1924-1994): psicanalista francês, discípulo de Lacan e pioneiro na introdução da psicanálise na França. Em obras como *Psicanalisar*, explorou a relação entre linguagem e inconsciente, destacando o papel do desejo e da palavra no processo analítico. Influenciou a psicanálise contemporânea.

Sigmund Freud (1856-1939): fundador da psicanálise e um dos pensadores mais influentes do século 20. Ele desenvolveu conceitos como o inconsciente, os mecanismos de defesa e a interpretação dos sonhos, revelando como desejos e conflitos inconscientes influenciam o comportamento humano e a formação da personalidade.

Slavoj Žižek (1949-): filósofo esloveno que une psicanálise lacaniana, marxismo e crítica cultural. Conhecido por sua abordagem provocativa, analisa ideologia, cinema e política, revelando como o desejo e o inconsciente moldam a sociedade. Seu pensamento desconstrói ilusões ideológicas do capitalismo.

Sócrates (469-399 a.C.): filósofo grego pioneiro do pensamento ocidental. Usava o diálogo para questionar valores e estimular a reflexão, destacando a busca pela verdade e pelo autoconhecimento. Acusado de corromper a juventude, foi condenado à morte, tornando-se símbolo da integridade filosófica.

Wilfred Bion (1897-1979): psicanalista britânico conhecido por suas teorias sobre o pensamento e o funcionamento mental. Introduziu conceitos como "função de pensamento" e "mentalização", explorando como a mente lida com as emoções e a realidade, além de suas contribuições para a psicanálise de grupos.

Wilhelm Reich (1897-1957): psicanalista austríaco e pioneiro em integrar psicanálise, política e corpo. Criou o conceito de "couraça muscular" e desenvolveu a teoria do orgônio, explorando a relação entre energia vital, emoções e saúde.

Zygmunt Bauman (1925-2017): sociólogo polonês conhecido por suas análises sobre a modernidade e a sociedade contemporânea. Ele introduziu o conceito de "modernidade líquida" para descrever a constante instabilidade das relações sociais, econômicas e políticas atuais, em que as estruturas são fluidas e mutáveis, e as pessoas se veem cada vez mais isoladas e em busca de segurança em um mundo incerto.

LEIA TAMBÉM

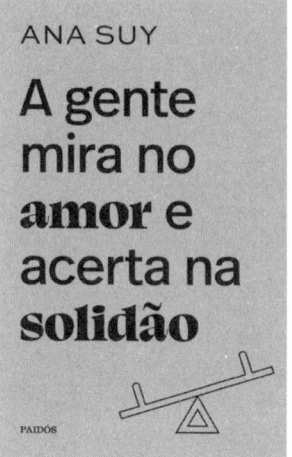

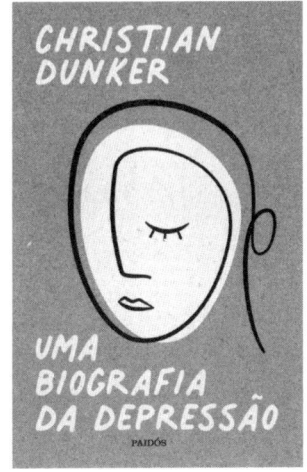

Acreditamos nos livros

Este livro foi composto em Begum e Fredoka e impresso pela Lis Gráfica para a Editora Planeta do Brasil em outubro de 2025.